때로 외로움은
삶의 방패가 된다

KODOKU HITORI NO TOKI NI HITO HA MIGAKARERU
ⓒ HIROAKI ENOMOTO 2018

Originally published in Japan in 2018 by CrossMedia Publishing Inc.,TOKYO.
Korean Characters translation rights arranged with Thebookmangroup., PAJU,
through TOHAN CORPORATION, TOKYO and Eric Yang Agency, SEOUL.

이 책의 한국어판 저작권은 EYA Co.,Ltd를 통해 CrossMedia Publishing Inc.와
독점 계약한 책읽어주는남자에 있습니다. 저작권법에 의해 한국 내에서 보호를
받는 저작물이므로 무단 전재와 복제를 금합니다.

때로 외로움은
삶의 방패가 된다

에노모토 히로아키 지음
장은주 옮김

북플레저

시작하며 외로움이 두려운 이들에게 ·········· 6

1장 왜 우리는 외로울 권리를 포기하는가
스마트폰 등장 이후 달라진 일상 ·········· 12
책 읽을 시간도 끈기도 없다 ·········· 19
생각하기도 전에 검색부터 하는 사람들 ·········· 32

2장 생각의 속도와 생각의 깊이
친구가 많은 게 곧 힘인 세상 ·········· 48
허세만 남은 빈껍데기의 유령들 ·········· 59
쓸모없는 정보를 지식으로 만드는 법 ·········· 66

3장 관계 중독이 가져온 만성 피로감

스마트하지 않은 스마트폰 ······ 90
우리는 검색하지 않고 살 수 있을까 ······ 110
댓글이 감정을 지배한다 ······ 125
왜 관계 중독에서 벗어나지 못할까 ······ 136

4장 혼자 있는 시간의 힘, 고독을 찾아서

잘못된 관계 의존에서 빠져나오기 ······ 152
사람들 사이에 있지 않아도 괜찮다 ······ 160
혼자 있음의 즐거움을 누린다 ······ 169
고독이 우리를 성장케 하라 ······ 183

5장 시간을 낭비할 수 있는 마음의 여유가 필요해

세상의 속도에 반기를 들다 ······ 202
남보다 느리게 가는 시간의 가치 ······ 219
일상의 틈에서 깨어난 상상력 ······ 237
세상의 방해를 받지 않는 세계 ······ 246

맺으며 외로움을 기꺼이 품을 준비가 된 이들에게 ······ 256

시작하며

외로움이 두려운 이들에게

'고독'.

당신은 고독이라는 단어를 들으면 어떤 이미지가 떠오르는가. 영국에서는 고독으로 고통받는 사람들을 지원하기 위해 '고독부 장관(Minister for Loneliness)'이라는 직책까지 등장했고, 오늘날 일본에서는 고독사가 심각한 사회문제로 대두되고 있다. 무엇보다 여러 가지 일을 겪으며, 고독을 부정적으로 생각하는 사람이 늘어나고 있다.

하지만 고독을 이토록 꺼리고 외면해야만 할 이유가 있을까. 나는 고독에서 도망치려는 최근 사회 분위기에 상당한 위화감을 느낀다. 물론 고독에는 외롭고 쓸쓸한 측면도 분명 있다. 하지만 풍요로운 고독이나 창조적인 고독도 존재하기에 고독에 깃든 장점에도 눈을 돌려야 하지 않을까.

나는 심리학자로서 대학에서 만난 다수의 학생과 사람을 접하는 과정을 통해 '많은 사람이 고독을 두려워해 혼자 있는 시간을 제대로 활용하지 못한다'는 생각에 이르렀다. 또한 나는 심리학 분야 중 '자기 개시(자신에 관한 정보를 상대에게 전하는 것)'의 연구자이기도 해 마음을 터놓을 수 있는 친밀한 존재가 심신의 건강을 위해서도 매우 중요하다는 데이터를 수없이 봐왔다.

물론 친밀한 상대와의 유대가 부족하면 심신이 피폐해지는 것은 확실하다. 하지만 이를 달리 생각하면, 진정한 유대는 단 한 사람만 있어도 충분하다는 의미이기도 하다. 무엇보다 중요한 것은 자신과 연관된 사람의 수가 아니라 관계의 질이다.

고독으로부터 도망치기 위해 얕은 유대 관계를 많이 맺고, 자신을 성장시킬 수 있는 '혼자 있는 시간'을 외면한다면, 당당한 인생을 살아갈 수 없게 된다. 이 책은 관계지상주의 속에서 가벼이 여겨지기 쉬운 고독의 가치에 관해 이야기한다. 스마트폰, SNS 중독 등 지금 우리 사회에 만연한 관계 의존의 실태와 문제점을 지적하고, 깊은 사고를 가능하게 하는 혼자 있는 시간의 가치와 처방전을 함께 제안한다.

1장에서는 스마트폰이 등장하고 나서 지하철 안 풍경이 어떻게 바뀌었는지를 살펴보며 혼자 있는 시간을 빼앗긴 현상의 심각한 의미를 생각해본다. 2장에서는 과잉 접속 시대에 얕은 사고를 갖게 된 현대인의 생활을 분석한다. 3장에서는 스마트폰이 초래한 관계 의존의 실태를 분석하고, 무리 짓지 않을 용기를 갖는 것의 중요성에 관해 설명한다. 4장에서는 개인의 성장을 뒷받침하는 고독한 시간을 가지려면 어떻게 해야 하는지에 대한 실천법을 소개한다. 마지막으로 5장에서는 고요한 시간의 흐름 속에서 창조적인 발상이 이뤄지는 과정과 유대 관계로부터 잠시 떠나보는 것의 의의를 생각해본다.

독자 여러분이 가치 있는 고독을 손에 넣는 데 이 책이 조금이나마 도움이 된다면 행복하겠다.

에노모토 히로아키

1장

왜 우리는
외로울 권리를
포기하는가

스마트폰 등장 이후 달라진 일상

때로 외로움은 삶의 방패가 된다

너무나 달라진 지하철 안 풍경

최근 몇 년 새 지하철 안 풍경이 눈에 띄게 달라졌다. 좌석에 앉은 사람이나 흔들거리며 서 있는 사람이나 모두 작은 스마트폰 화면에 눈을 고정한 채 쉴 새 없이 손가락을 움직이고 있다. 그들은 도대체 무엇을 하고 있을까. 대체로 인터넷으로 옷이나 음식점을 검색하고 SNS에 다른 사람이 올린 글을 읽거나 직접 쓰기도 한다. 게임에 완전히 넋을 빼앗긴 사람도 있다. 생각하거나 사색에 잠긴 사람은 거의 찾아볼 수 없다.

휴대전화가 등장하자 지하철 안에서 휴대전화를 사용하는 사람이 확연히 늘었지만, 언제 어디서든 인터넷 검색과 SNS를 자유롭게 할 수 있는 스마트폰이 등장하면서 지하철 안의 모습을 완벽하게 바꾸어놓았다. 예전에는 책 읽는 사람이 꽤 있었지만, 지금은 좀처럼 찾아볼 수 없을 만큼 그 수가 급격히 줄었다. 종종 낮에 지하철을 타면 그나마 책 읽는 사람을 몇 명 볼 수 있는데, 이미도 스마트폰을 사용하지 않는 연령대의 승객이 많은 시간이기 때문일 것이다.

아침저녁 통근이나 통학 시간에 지하철 안을 살펴보면 간혹 문제집이나 참고서로 공부하는 학생을 제외하곤 대부분 스마트폰 화면을 보고 있다. 모두 사고가 정지된 상태에서 기계적으로 손가락만 움직인다. 무언가를 골똘히 생각하는 모습은 온데간데없고 매 순간을 충동적으로 떠도는 듯하다. 대체 어쩌다가 사람들은 스마트폰의 노예가 되어버렸을까.

댓글이 달리지 않으면 두렵다

SNS를 하는 사람들은 자신의 지인이 어떤 글과 사진을 올리는지 몹시 궁금해한다. 예전에는 눈앞에 없는 지인의 일은 신경 쓰지 않아도 그만이었지만, 지금은 혼자 지하철을 타고 이동할 때조차 인터넷에서 만날 수 있는 얕은 유대 관계에서 해방되지 못하는 사람이 많다.

혹시 자신의 지인이 중요한 정보를 흘리지는 않았는지,

엄청 재미있는 글이 올라오지는 않았는지, 끊임없이 신경을 쓰고 궁금해하며 별다른 목적도 없이 무의식중에 SNS를 열어본다. 'FOMO(Fear of Missing Out)'라고 불리는 이러한 '고립공포감'은 최근 사회적으로 큰 문제가 되고 있다.

SNS는 메시지가 오는 즉시 댓글을 달아줘야 한다. 댓글이 없으면 상대방은 자기가 무시당했다고 생각할 수 있다. 요즘 사람들이 '읽음 표시'에 집착하는 이유도 누군가에게 무시당하고 싶지 않은 심리 때문이다.

상대방의 표정이 보이지 않고 목소리도 들리지 않는 커뮤니케이션에서는 상대방의 진의를 제대로 파악하기 어려워 짧은 메시지 안에 담긴 진의를 찾아내려고 혈안이다. 댓글을 쓰는 쪽도 마찬가지다. 괜한 오해를 사지 않기 위해 글을 쓸 때 굉장히 신중하게 검토하고 늘 신경을 쓴다. 그러다 보면 눈 깜짝할 새 시간이 지난다.

무의미하게 시간을 써버린다는 의미에서는 게임도 다를 바 없다. 게임을 하고 있으면 시간이 금방 흘러간다. 순간적인 자극에 반응하고 충동적으로 행동하니 지루한 시간을 즐겁게 보낼 수 있다. 지금도 스마트폰 스토어에서는 새로운 게임 앱이 수없이 등장하고 있다. 한마디로 현대인은 과거에는 상상도 하지 못할 기술의 혜택으로 인해 스마트폰의 노예가 되고 말았다. 어느샌가 책을 읽고 사색에 잠기던 '혼자만의 시간'은 사라지고 만 것이다.

사고가 깊어지는 시간이 사라졌다

스마트폰이 없던 시절에는 지하철에 탄 사람들이 아무것도 하지 않았다. 어딘가로 이동하는 무료한 시간을 보내야만 했다. 사색에 잠기거나 그저 멍하니 있는 것밖에 달리 할 거리가 없었다. 특별히 사색을 즐기는 사람이 아니어도 지하철에 올라 멍하니 이동을 하다 보면 이런저런 생각이 불쑥불쑥 떠오른다.

'그래. 다음 주에는 단골 거래처를 한번 다녀올까?'라는 생각이 떠오르면서 담당자에게 상품 설명을 하던 대화와 잡담의 기억이 되살아난다. 예전에 만난 사람과의 일도 무심결에 떠오른다. '그 사람은 어떤 의도로 그렇게 말했던 걸까?'라고 생각하며 상대의 의도를 읽어내려는 고민도 하고, '말은 그렇게 해도 기분은 별로였던 것 같아'라고 걱정도 한다.

지하철 내 광고판을 무심히 바라보다가 불쑥 '이런 데 관심을 가지는 사람도 있구나!'라며 신기해하기도 한다. 최근의 세계 경제 동향에 위협도 느끼고, 마음을 움직이는 글귀에 감탄하기도 한다.

창밖에 펼쳐진 경치를 바라보며 세상이 변하는 속도도 느낀다. 출퇴근길에 늘 스치던 동네를 바라보며 어느샌가 등장한 낯선 건물에 위화감을 느끼고 '예전에 이 부근에 백화점이 있었는데!'라고 추억을 떠올리기도 한다.

그렇게 생각에 잠기면 다양한 추억거리와 일들이 기억 속에서 속속 되살아난다. 때론 속상한 기억이나 후회스러운 기억도 있지만, 돌이켜보면 모두 그리운 추억일 것이다. 다양한 생각과 기억들이 시공을 초월하여 넘나든다.

차창에 어렴풋이 비친 자신의 모습에서 새삼 나이를 실

감하기도 한다. 그리고 '나이에 부끄럽지 않은 삶을 살고 있는가?'라며 평소 자신의 생활을 돌아본다. '요즘 나는 어떤 삶을 살고 있나?', '이런 일상이 이어질 거라는 생각만으로도 지긋지긋해', '뭔가 부족해!' 같은 약간의 푸념이 섞인 상념에 빠지는 자신과 마주한다.

하지만 자신에 대한 재발견을 통해 현재를 바꾸는 계기를 마련하기도 한다. 이렇듯 스마트폰이 등장하기 전의 지하철 안은 다양한 생각이 샘솟아 사고를 숙성시키는 '혼자만의 시간'을 갖기에 더없이 좋은 장소였다.

책 읽을 시간도 끈기도 없다

점점 줄어드는 책 읽는 시간

혼자 있는 시간을 충실히 보내기에 가장 적합한 방식 중 하나가 독서다. 하지만 현대인들은 독서 습관을 점점 잃어가고 있다. 지하철 안을 둘러보아도 예전과 비교하면 책을 읽지 않는 사람이 정말 많이 늘었다는 것을 실감한다. 지하철로 이동하는 시간뿐만 아니라 집에 있을 때에도 책 읽는 시간은 확실히 줄어들었다.

가끔씩 열정과 패기가 넘치는 젊은 사람들에게서 사고력을 높이기 위해 책을 읽어야 한다는 말을 듣곤 한다. 반가운 마음에 독서로 화제를 옮겨보지만, 정작 이어지는 말은 "책을 읽어야지 하면서도 거의 읽지 않는 게 사실이다"라는 고백으로 끝나는 경우가 많다. 그만큼 요즘 사람들 사이에는 책 읽는 습관을 지닌 사람이 드물다.

책을 읽어야 한다는 생각만 있을 뿐, 읽는 습관이 몸에 배어 있지 않고 책을 들어 긴 시간 동안 읽는 데 거부감을 느끼기 때문일 것이다. 일단 책을 꺼내 읽어도 진득하게 앉아서 읽지 못한다는 말도 자주 듣는다.

2009년, 일본 출판문화산업진흥재단이 실시한 '현대인의 독서실태조사'에서 전국 중고생과 성인을 대상으로 독서 관련 질문을 한 적이 있었다. 성인을 대상으로 한 조사 결과를 보면, 지난 1개월 동안 평균 독서량이 한 권이라고 답한 사람이 29.2%로 가장 많았다.

일반인들이 이해하기 어려운 전문서가 아닌 평범한 수준의 책을 한 권 읽는 데 드는 시간은 고작 몇 시간이다. 수십 시간씩 앉아서 읽어야 하는 것도 아니다. 그런데 1개월 동안 성인이 평균 한 권밖에 읽지 않는다는 사실에 놀랐다. 쉽게 말해 1개월 동안 책을 읽는 시간이 몇 시간밖에 되지 않는다는 것이다. 하루로 따지면 1일 평균 10~20분밖에 책을 읽지 않는 셈이다.

1개월에 평균 한 권의 책을 읽는 사람의 비율을 연령별 데이터로 보면 50대가 34.9%로 가장 높다. 20대는 28.7%, 30대는 26.1%로 평균적으로 보면 30%가 채 되지 않는다. 책을 전혀 읽지 않는 사람의 비율은 그 반대다. 20대는 23.9%, 30대는 27.4%로 조사되었고, 40대는 24.5%, 60대는 21%로 조사되었다. 즉 20대부터 40대는 4명 중 1명이 책을 전혀 읽지 않는다는 의미다.

세대별 연간 수입 기준 데이터와 비교해보면 책을 전혀 읽지 않는 사람의 비율은 1천만 원 미만(27.8% 이상), 1천만~3천만 원 미만(24.8%), 3천만~5천만 원 미만(28.2%)의 구간보다 7천만~1억 원 미만(18.4%), 1억~1억 5천만 원 미만(17.1%), 1억 5천만 원 이상(9.5%)의 구간에서 더 낮게 나타났다. 한마디로 수입이 낮을수록 책을 읽는 사람들이 줄어든 것이다.

조사 결과를 요약하자면, 50대 이상이 되면 독서량이 조금 늘고, 연간 수입이 7천만 원 이상이면 책을 읽는 사람이 늘어나는 경향을 보인다. 그럼에도 성인의 1개월 평균 독서량이 한 권, 그리고 전혀 읽지 않는 사 4명에 1명이라는 사실이 씁쓸하다. 아마 현재의 독서량은 이보다 더 떨어졌을 것이다.

이러한 독서의 습관은 대물림이 되는 것으로도 나타난다. 중고생에 관한 조사 결과를 보면, 부모가 책을 자주 읽는 경우 자녀도 똑같이 독서를 좋아하는 경향을 보인다. 하지만 성인이 거의 책을 읽지 않으니 어린아이와 젊은이의 독서량도 줄어들어 앞으로 책을 읽지 않는 사람은 점점 늘 것이다.

긴 글을 읽지 못하는 이유

요즘은 대학생 중에도 책을 읽지 않는 사람이 매우 많다. 여가 활동이나 교양을 쌓는 목적으로 읽는 책만이 아니다. 수업에 필요한 참고 도서조차 읽지 않는 학생이 넘칠 정도다. 물론 독서의 가치를 인정하는 학생도 적지 않다. 나의 수업 시간에 책을 읽는 것이 얼마나 중요한지를 이야기하다 보면, 다음과 같은 질문을 하는 학생들이 종종 있다.

"선생님 강의를 듣고 책을 읽어야겠다는 생각은 드는데, 제대로 책을 읽은 적이 없어 어떤 책을 읽어야 할지 모르겠어요. 어떤 책부터 읽어야 할까요?"

"전부터 책을 읽으려고 시도했지만, 도저히 페이지가

안 넘어가요. 어떻게 하면 책을 읽을 수 있을까요?"

   책을 읽어야 한다고 생각하면서도, 도저히 읽을 수가 없다고 말하는 학생들이 늘고 있다. 책을 읽을 수 없다는 말이 글자를 읽을 수 없다는 의미는 아니다. 긴 글을 꾸준히 읽을 끈기가 없다는 말이다. 어릴 적부터 디지털 기기를 가까이하면서 독서보다 게임, SNS, 인터넷 검색에 친숙해진 탓이라고 생각한다.

   언젠가 신문에서 유치원 때부터 매일 게임을 했던 한 대학생이 소설을 읽어도 등장인물을 기억하지 못해 졸게 된다고 고백한 이야기를 읽은 적이 있다. 그만큼 요즘 학생 중 상당수는 독서 습관이 부족하다. 수험 공부를 위한 암기는 가능해도 긴 글을 읽어내지 못하는 것이다.

   실제로 학생들이나 사회 초년생들과 이야기하다 보면 "서너 줄 이상의 문장은 읽을 수 없어요", "스마트폰 화면을 아래로 내려야 할 정도로 긴 글은 초조해져 읽을 기분이 나지 않아요"라며 책 읽기의 어려움을 토로하는 것을 종종 듣는다.

책을 읽어야 한다고 생각하면서도,
도저히 읽을 수가 없다고 말하는
학생들이 늘고 있다.
책을 읽을 수 없다는 말이
글자를 읽을 수 없다는 의미는 아니다.
긴 글을 꾸준히 읽을 끈기가 없다는 말이다.

SNS에 너무 익숙해져 몇 줄 이상 넘어가는 문장들은 장문이라는 사고가 굳어진 게 아닐까. 어쩌면 즉석에서 반응하는 행동에 너무 익숙해져 차분하게 글을 읽거나 쓸 수 없게 된 것인지도 모른다.

특히 트위터에서는 순간적으로 떠오른 생각을 감각적으로 써 내려가기 때문에 깊이 생각해 글을 쓰고, 곱씹어 생각해 글을 읽는 경우가 드물다. 이성적 사고보다 충동적 사고에 따라 움직인다고 생각하면 맞을 것이다. 그렇게 되면 매사에 신중하게 생각할 기회가 점점 줄어든다.

한편, 미국 유학 경험이 있는 사람은 '모두'라고 해도 좋을 만큼 "미국 대학생들이 학기 중에 아르바이트할 여유도 없이 오로지 공부에만 몰두하는 모습에 놀랐다"라고 말한다. 대학 4년 동안의 독서량에 대해 이야기하면서 미국 대학생은 평균 400권인 데 비해, 일본 대학생은 고작 40권에 불과하다고 비판하는 사람도 있다.

독서량의 절대적인 수치는 차치하고, 미국의 대학은 대부분 책을 읽고 공부하는 습관을 확립하지 않으면 학점을 받기 어려운 곳이다. 반면 일본의 대학에서는 미국만큼 열심히 공부하지 않아도 비교적 쉽게 학점을 받을 수 있다. 그 때문에 학생 시절에 책 읽는 습관을 들이지 못하는 것은 대단히 불행한 일이다.

이렇게 독서 습관을 기르지 못하면 사고의 폭이 좁아져 사회에 나온 후 문제 해결 능력이나 창조력, 사고력의 빈곤으로 이어지기 쉽다. 다시 말해, 일본 대학생의 현실은 학생 시절에 평균 40권의 책밖에 읽지 않는 수준을 우려할 것이 아니라 그로 인한 부작용을 더 걱정하고 우려해야 할 상황이라고 할 수 있다.

대학생활협동조합연합회에서 매해 실시하는 '학생 생활 실태조사'에 따르면, 하루 평균 독서 시간이 '0'인 학생의 비율이 10년 동안 30% 수준을 유지했으나 최근 몇 년 새 비율이 급격히 높아져 2018년에 발표한 동 조사 결과에서는 53.1%로 마침내 50%대를 넘기고 말았다.

대학생의 50% 이상이 전혀 책을 읽지 않는, 대학생이 된 이후로 전혀 책을 읽은 적이 없는 생활을 한 것이다. 일본 대학생의 절반 이상이 독서 시간이 '0'이라는 사실에 일반 사람들은 큰 충격을 받았을지 몰라도, 평소 학생들을 접하는 나로서는 충분히 이해가 된다. 충분히 공감하고 받아들일 수 있는 수 결과다.

1985년에 실시한 조사에서는 '독서 시간이 거의 없다'라고 한 학생이 19.4%였다는 점을 고려할 때, 요즘 대학생들이 책을 읽지 않는다는 것은 명백한 사실이라고 봐야 한다. 그리고 학생 시절에 책 읽는 습관을 들이지 않은 채 사회에 그대로 나왔기 때문에 책을 읽지 않는 사람들이 증가한 것이다.

책을 읽는 것은 살아가는 데 큰 무기가 된다. 책을 읽고 스스로 생각함으로써 사적으로나 업무적으로나 필요한 사고력을 익힐 수 있는 강력한 힘을 가질 수 있다.

읽지 않으면 말할 수도 쓸 수도 없다

대학에서 강의나 연수를 마치고서 학생들에게 자신들의 생각을 자유롭게 쓰라고 할 때가 있다. 그 말을 할 때마다 손도 대지 못하는 학생이 꼭 있다. 그런 학생들은 아무리 애를 써도 겨우 몇 줄밖에 채우지 못한다. 심지어 한두 줄조차 쓰지 못하는 경우도 많다.

그런 학생에게 어렵게 생각하지 말고 그냥 자기 생각을 편하게 쓰라고 하면 "어떤 생각을 해야 하나요?"라고 되묻기도 한다. 글을 읽는 습관이 없으니 글로 쓸 내용이 머리에서 떠오르지 않는 것이다. 입력값이 없으니 출력값이 없는 상황과 비슷하다.

영국의 작가이자 비평가인 마크 피셔(Mark Fisher)는 이러한 현대인들의 풍경에 대해 다음과 같이 비평했다.

학생들에게 두 문장 이상을 읽도록 해보면 대부분—A 레벨 과정(대학 진학 직전의 2년 과정)의 학생조차도—못하겠다고 항의할 것이다. 교사들이 가장 빈번하게 듣는 불평은 따분하다는 것이다. 쟁점은 글의 내용이 아니다. 읽는 행위 자체를 '따분하게' 여기는 것이다.

…

> 따분하다는 것은 문자 메시지, 유튜브, 패스트푸드 등으로 구성된 소통의 감각-자극 매트릭스에서 동떨어져 있다는 것, 언제든 달콤한 만족감을 주는 부단한 흐름에서 차단되어 있다는 것을 의미한다.
>
> —마크 피셔, 《자본주의 리얼리즘》

SNS와 스마트폰을 지나치게 사용하는 바람에 집중력이 떨어진 학생들을 멀리서 찾을 것도 없다. 나는 그런 학생들을 대학 강의실에서 매일같이 만나고 있다. 내 강의를 듣고 마음이 조급해진 학생들은 "어떻게 하면 눈앞의 과제에 집중할 수 있을까요?", "어떻게 하면 책을 읽을 수 있을까요?" 같은 질문을 들고 종종 나를 찾아와 상담을 요청한다. 그런 학생들에게 이런저런 조언을 해서 돌려보내고 나면 일주일 정도는 꽤 노력하는 티가 나지만 대부분 원래대로 돌아오고 만다.

어떤 조치를 취해야 한다고 생각하지만 대부분 마음뿐이다. 일시적으로는 현실의 모습을 부정하고 동기부여를 해도 오래 지속되지 않는다. 과잉 접속 사회에 확실히 길든

탓이다. 그런 자신의 상황을 자각하고 일부러 접속을 끊는, 즉 혼자가 될 각오를 하지 않는 한 집중력을 되돌리기는 어렵다.

생각하기도 전에
검색부터 하는
사람들

때로 외로움은 삶의 방패가 된다

왜 비슷한 글들이 넘쳐날까

지하철 안에서 스마트폰을 사용하는 사람들이 점점 많아지는 풍경의 이면에는 사색에 잠기는 시간이 줄고, 책을 읽어 깊은 사고로 이어지는 과정이 생략될 수 있다는 문제가 도사리고 있다. 깊은 사고가 결핍되면 실제로 어떤 문제가 생길까.

요즘 들어 사람들은 스스로 골똘히 생각하기보다 바로 답을 찾으려는 경향이 강해지고 있다. 예를 들어 가장 인기가 좋은 제품을 두고 젊은 직장인들에게 "왜 이 제품이 인기가 있다고 생각하나요?"라고 물으면 "잠깐만 기다려주세요"라고 말하고서 곧바로 스마트폰으로 눈을 돌려 검색을 시작한다. 이내 해당 제품에 관한 후기를 몇 개 찾아 "이 상품에 관한 평은 이렇습니다. 예를 들면…" 하고 소비자의 후기를 차례차례 읽는다.

어떤 제품이든 인터넷에서 검색하면 이미 사용해본 소비자들의 후기를 볼 수 있다. 그러나 그 제품을 사용한 감상을 일일이 인터넷에 올리는 사람은 극히 일부의 소비자뿐이며 대단히 드문 예다. 절대로 대다수 소비자의 생각을 대표하지 않는다. 오히려 소수의 경험과 느낌에 불과할지 모른다. 그런 후기를 몇 개 읽었다고 해서 그 제품이 인기가 있는 이유나 잘 팔리는 이유를 파악할 수는 없다.

질문을 바꿔 "그런 몇몇 개인의 사례가 아니라 매출 데이터를 근거로 다시 생각해보면 어떨까요?"라고 물었을 때는 어떻게 반응할까. 인터넷에서 후기를 찾아 읽던 사람들은 매출 데이터를 다룬 자료를 몇 개 찾아와서는 단순히 수치만을 내밀 뿐이다. 데이터를 바탕으로 본인이 이끌어낸 해석까지는 제시하지도 못한다.

남녀별 판매 경향, 연령별 판매 경향, 금액별 소비자 집단처럼 다양한 방식으로 집계된 데이터를 그대로 가져올 뿐, 데이터에 숨은 제품의 특징이나 소비 행태에 대해 이해하려는 자세가 부족한 것이다.

"그런 경향을 바탕으로 어떤 추측이 가능할까요? 잘 팔리는 데는 그만한 이유가 있지 않을까요?"라고 재차 물으면, 이내 당황해하며 스마트폰을 꺼내어 검색을 시작한다. 이번에는 다른 히트 상품의 예를 들면서 "다른 상품이 히트한 이유에 관해 전문가는 이렇게 말했습니다. 하지만 이 상품은 아무리 검색해도 전문가의 의견을 찾을 수 없습니다. 왜 인기가 있는지 모르겠어요"라고 답한다. 이것이 바로 스마트폰에 중독된 현대인들이 답을 찾는 전형적인 방식이다.

타인의 의견을 늘어놓는 것이 아니라 자신의 머리로 직접 생각하는 것이 무엇보다 중요하다. 만약 직접 생각하는 것이 불가능하다면 새로운 상황에 대응해서는 안 된다. 물론 다양한 전문가의 의견을 훑어보는 것도 필요한 과정 중 하나다. 다만 자신의 의견을 제시하려면 전문가의 의견은 참고 수준에서 그쳐야 한다. 전문가의 의견을 그대로 전달하는 역할에 머물러 있다면 굳이 그 사람에게 질문할 이유가 없다.

마찬가지로 데이터도 그대로 인용해서 나열하기만 해서는 안 된다. 제품의 매출 동향이나 구체적인 수치를 바탕으로 상상력을 펼쳐 자기 나름의 가설을 세울 수 있어야 한다. 그러한 사고의 훈련을 반복적으로 할 때 사고력을 키울 수 있다.

인터넷에만 의존하는 사람은
자신의 의견을 묻는 질문에도
인터넷에서 검색한 내용으로만 답하려 할 뿐,
스스로 생각하려 하지 않는다.
아니, 생각하는 습관 자체를 잃어버린 듯하다.

인터넷에만 의존하는 사람은 자신의 의견을 묻는 질문에도 인터넷에서 검색한 내용으로만 답하려 할 뿐, 스스로 생각하려 하지 않는다. 아니, 생각하는 습관 자체를 잃어버린 듯하다.

인터넷은 미처 기억하지 못한 생각의 재료, 주장을 정리하는 데 도움이 될 만한 근거, 특정 시점의 사건을 검색하기에 편리한 도구일 뿐이다. 사고 자체, 즉 사고를 뒷받침하는 의견을 검색하기 위한 도구가 아니다. 너무 쉽게 인터넷에 의지하고 길들면 스스로 생각하는 법을 잊게 될 뿐이다.

학생들에게 보고서나 논문을 제출하라고 하면서 "몇 가지 참고문헌을 읽고 서론에서 문헌들의 요점을 간단히 소개하고 나서 본론으로 들어가라"고 하면, 요약 자체를 하지 못하는 학생들도 많다. 문헌 일부를 그대로 인용하거나 문헌에 관해 누가 쓴 글을 검색해서 그대로 베끼는 경우도 있다. '검색·복사·붙여넣기'의 방식에 너무 익숙해져 스스로 생각하는 과정을 생략하는 것이다.

당연히 자신의 생각과 의견으로 작성해야 할 보고서와 논문을 제출하고서도 질문을 받을 때마다 관련 정보를 찾기 위해 곧바로 검색을 시작하는 학생들도 있다. 질문과 관련된 정보를 찾지 못하면 "죄송합니다. 다음 수업까지 조사해 오겠습니다"라고 말하기도 한다.

인터넷에 언제 어디서든 쉽게 접속할 수 있어 무엇이든 바로 검색할 수 있지만, 정보의 검색은 어디까지나 생각하기 위한 소재를 찾기 위한 것이어야 한다. 그리고 인터넷 검색으로 찾아낸 소재를 바탕으로 자신의 머리로 골똘히 생각하는 습관을 들여야 한다.

사고보다 검색에 길들여지다

또 하나의 문제는 많은 사람들이 생각하는 것과 검색하는 것의 차이를 모른다는 점이다. 검색 결과만 이야기하고 끝낼 뿐 어떤 의문도 품으려 하지 않는다. 무턱대고 검색만 하면 무엇이든 알 수 있다고 자신만만해한다.

하지만 검색만으로는 사실상 아무것도 알 수 없다. 검색으로 찾아낸 것은 답이 아니다. 검색은 답을 찾아내기 위한 과정일 뿐이다. 자신의 생각과 의견을 확장하기 위한 소재에 지나지 않는다. 아직 정확한 답은 나오지 않았다. 누구나 검색해서 똑같은 소재를 찾아 똑같은 이야기를 하는 것으로 끝나버린다면 우리는 어떤 개성도 창조력도 갖출 수 없다.

인터넷 검색을 통해 같은 소재를 손에 넣었더라도 그것을 바탕으로 어떤 발상을 이끌어내느냐에 따라 자신만의 독창적인 생각과 의견이 만들어진다. 자신의 의견을 조리 있게 제시하는 사람들을 보면 검색으로 찾아낸 정보들을 정리하는 법을 잘 알고 있다. 또 정보를 바탕으로 다채로운 발상을 이끌어낼 줄 안다.

평소 자신이 어떤 생각을 하고 있는지, 자신이 어떤 의견을 제시하는지를 떠올려보고 누군가로부터 "정말 알기 쉬운 설명이야!", "예리한 지적이야!"라는 탄성을 자아낼 만한 발상을 하고 있는지 생각해보라. 혹시 '어쩌면 저 정도밖에 생각하지 못할까?'라고 평가받는 빈곤한 발상을 하고 있지는 않은지 스스로 돌이켜보라.

일을 잘하는 사람이냐, 못하는 사람이냐는 어떤 생각과 의견을 더 나은 방향으로 펼치느냐에 따라 판가름 난다. 일을 잘하는 사람은 같은 소재를 가지고도 매력적인 아이디어를 찾아내고 설득력 있는 설명을 할 줄 아는 사람이다. 우리에게 필요한 것은 검색력이 아니라 사고력이다.

검색하는 뇌를 발상하는 뇌로 바꾸는 법

누군가는 검색만 하면 어떤 정보든 접속할 수 있는 시대가 되었으니 일일이 지식을 머리에 담아둘 필요가 없다고 말한다. 모든 것이 급격하게 변하는 시대에는 오랜 시간 골똘히 생각하는 것보다 검색 능력을 닦는 편이 차라리 낫다고 생각할 수도 있다.

물론 검색만 하면 거의 모든 정보를 자동으로 찾아낼 수 있다. 그 과정을 통해 '자기효력감', 즉 스스로 무언가 생산적인 일을 하고 있다는 기분을 느낄 수 있다. 하지만 실제로는 손가락 운동을 하는 것에 불과할 뿐, 머리를 쓰는 과정이 아니다.

다시 한 번 강조하지만, 누구나 검색만 하면 다양한 생각의 소재들을 모을 수 있다. 지금은 생각의 재료들을 어떻게 요리하는지가 중요해진 시대다. 생각의 재료들을 제대로 요리하려면 자신만의 관점이 필요하다. 즉 독창적인 이론이 필요하다. 자신만의 관점과 이론이 없다면 자신의 견해를 정리할 수 없고, 자신이 끌어모은 생각의 소재들은 뿔뿔이 흩어지고 만다.

다양한 이론을 익히고 다양한 관점으로 세상을 해석하는 훈련을 한 사람은 생각의 소재를 가치 있게 다루어 자신의 목소리를 내는 방법을 알고 있다. 또 그런 사람들이 여러 명 모이게 되면 다양한 관점이 서로 교차하면서 의미 있는 소통의 장이 만들어지고 새로운 발상이 생겨나기 마련이다.

하지만 이론을 배우고 다양한 관점으로 세상을 해석하는 훈련을 하지 않은 채 단순히 검색 기술만 익힌 사람들은 "이런 정보가 있다", "이런 의견이 있나"라며 서로의 검색 데이터만 늘어놓을 뿐 깊은 대화를 나눌 수 없다. 물론 그런 자리에서는 새로운 발상을 기대하기도 어렵다. 검색만으로는 사고력도 창조력도 단련할 수 없다. "다음에는 어떤 키워드를 검색할까?"라는 생각에만 머물러 있다면 더 이상 사고를 진전시키기 어렵다.

요즘은 학생들을 가르치는 사람들 중에도 검색력만 있을 뿐, 생각의 소재를 요리하는 능력을 갖추지 않은 사람이 많다. 이제는 누구라도 사고력과 창조력을 단련하는 것의 중요성을 스스로 깨닫고 지식을 흡수하는 데에 힘써야 한다.

서점에 가면 다양한 분야의 책이 쌓여 있다. 어떤 분야든 좋으니 독창적인 이론이나 새로운 관점을 부여해줄 만한 책을 몇 권 골라 읽어보자. 자신의 일과 직접 관련이 없는 분야라도 괜찮다. 어떤 분야든 책에는 생각의 소재를 요리하기 위한 힌트와 정보들이 담겨 있어 사고력과 창조력을 높이는 데 도움이 된다. 이렇듯 지식을 흡수하고 생각의 소재를 활용하기 위해 다양한 관점을 접해봄으로써 사고력도 창조력도 단련된다.

또 책을 통해 배운 관점을 활용해 다양한 생각의 소재들을 요리해보는 것도 좋은 방법이다. 누구나 처음에는 익숙하지 않다. 중요한 것은 스스로 생각하는 습관을 들이는 것이다.

만약 검색으로 다양한 생각의 소재들을 찾아냈다면 그것들을 분석하고 거기에서 무엇을 말할 수 있는지 생각해본다. 다양한 이론적 관점을 발견했다면, 그 수만큼 다양한 해석이 가능하다는 말이기도 하다. 이른바 자신만의 가설을 세울 수 있다는 말이다.

예를 들어 "왜 이 상품이 잘 팔릴까?"라는 질문과 관련된 키워드를 검색해 다양한 소재들을 끌어낼 수 있다. 이때 소재를 끌어낸 것에서 만족한다면 사고력도 창조력도 단련되지 않는다. 자신이 찾아낸 소재를 나열하여 왜 그 상품이 잘 팔리는지에 대한 가설을 세워야 한다. 가설을 세운 다음에는 자신의 가설을 제대로 뒷받침하는 의견이 있는지, 예외의 경우는 없는지 등을 확인한다.

혹시 자신이 세운 가설을 설명하는 데 어려움이 따른다면 또 다른 가설을 세워본다. 그리고 또다시 새로운 가설을 설명할 능력이 있는지 검토한다. 사고력과 창조력은 이렇게 자신만의 생각을 정리하고 증명하고 반복함으로써 단련된다.

사고력과 창조력은
이렇게 자신만의 생각을 정리하고
증명하고 반복함으로써 단련된다.

2장

생각의 속도와 생각의 깊이

친구가
많은 게
곧 힘인 세상

때로 외로움은 삶의 방패가 된다

내 인맥의 가치는 얼마일까

많은 사람들이 일상생활에서 SNS를 많이 활용하면서 누구나 쉽게 타인과 관계를 맺을 수 있는 시대가 되었다. 현실 세계에서는 전혀 접점이 없는 사람과도 SNS를 통해 금세 이어질 수 있다. 한편 현실에서든 SNS상에서든 눈에 거슬리는 사람은 있기 마련이다.

내가 불편하게 생각하는 사람은 주로 자기가 속한 분야 내외에서 다양한 인물과 관계를 맺고 있다는 이유만으로 마치 자기가 대단한 사람이라도 되는 것처럼 행동하는 사람이다. 특히 취업을 눈앞에 둔 대학생이나 갓 사회에 진출한 사람들 중에 그런 사람이 많다. 예를 들면 "나는 이런 사람들을 알고 있다"라면서 자랑스레 자신의 인맥을 내세우거나 "무엇보다 중요한 것은 인간관계야!"라면서 인맥 만들기에 여념이 없는 사람들이다.

물론 타인과의 관계는 중요하다. 세상에는 인맥이 필요한 일도 많다. 하지만 한창 세상을 배우고 자신의 능력을 계발해야 할 나이에 인맥만 부르짖으며 사람들과 관계를 맺을 생각만 한다면 어떨까.

아직 일도 제대로 배우지 못한 신입사원이 인맥을 만드는 일만 중요하게 생각해 SNS에서 다양한 친구를 맺고, 또 그것을 계기로 현실 세계에서도 다양한 모임에 얼굴을 내밀며 인맥 만드는 일에만 열중한다면? 또 사회에 첫발도 내딛지 않은 대학생이 미래를 위해 인맥을 넓혀야 한다고 공공연히 떠들고 다니면서 SNS에서 쉽게 친구를 맺고 그중에서 자신에게 도움이 될 만한 사람만 골라서 만나고 다닌다면?

그런 사람들에게 "더 중요한 일이 있지 않을까요?"라고 물으면, "무슨 말씀이세요. 일단 인맥이죠. 뭘 하든 인맥 없이는 안 돼요"라는 대답을 듣기 일쑤다. 대체 언제 공부하고 언제 사색할 것이며 또 책은 언제 읽을지 걱정이 되지 않을 수 없다.

또 "미래를 위한 자기계발도 필요하지 않나요?"라고 물으면 "일을 잘하는 사람은 모두 엄청난 인맥을 자랑해요. 일의 기본은 인맥, 바로 인맥을 만드는 힘이라고요"라면서 들은 척도 않는 사람도 있다. 마치 인맥을 맺지 않으면 세상에서 살아남지 못할 것이라는 식으로 세뇌를 당하기라도 한 것 같은 사람들이 있다.

물론 일을 잘하는 사람이 훌륭한 인맥을 갖고 있다는 말에는 일리가 있다. 하지만 그 인맥은 자신이 속한 분야에서 꾸준히 실력을 쌓고 재능을 발휘하며 서서히 두각을 나타내면서 구축해온 결과물이다. 자연스럽게 형성된 인맥을 가진 사람들과 비교할 때, 일을 못하는 사람일수록 인맥을 강조하며 타인과 관계를 맺으려고만 하는 것 같아 착잡한 마음을 지울 길이 없다.

다시 말해, 일을 잘하는 사람은 자신이 꼭 해야 할 일에 몰입하기 때문에 인맥을 만드는 데 연연하지 않는다. 인맥에 연연하지 않아도 자신의 훌륭한 실력과 재능을 발휘함으로써 저절로 인맥을 형성한다.

또 SNS에서 관계를 맺은 친구를 현실 세계에서 실제로 만나 서로 명함을 교환하더라도 상대방의 실력이 없는 것을 깨닫게 되면 누가 관계를 유지하려고 하겠는가. 프로젝

트를 추진하기 위해 구성원들을 모을 때에도 실력 없는 사람에게 누가 관심을 가져주겠는가. 하물며 실력과 재능을 갖추지 못한 사람을 무책임하게 다른 누군가에게 소개해주고 자신의 평판에 흠집이 날 일을 하려는 사람은 없을 것이다.

이렇게 구체적인 상황을 떠올려보면 알 수 있듯이, 아무리 인맥을 쌓아도 자신의 실력과 재능이 부족하면 그 인맥들을 살릴 길이 없다. 그러니 젊은 시절에는 인맥에만 연연하기보다 자신의 내공을 쌓는 게 우선이다.

그러기 위해선 자신에게 주어진 일부터 잘 완수할 수 있도록 전력을 다해야 한다. 더 능률적으로, 더 정확하게, 더 완성도 높게, 더 매력적으로 말이다. 창조적인 사고와 열정을 갖고 배움의 폭을 넓혀가면 서서히 실력이 몸에 밸 것이다. 얕은 인간관계나 인맥보다 중요한 것은 스스로 실력을 쌓는 것이다. 자신의 내공과 인맥 중 무엇이 먼저인지를 늘 기억하고 그 전후 관계를 착각해서는 안 된다.

팔로우 한 번이면 완성되는 관계

인터넷에서 맺은 인맥과 현실 세계에서 맺은 인맥은 전혀 다른 성질을 띤다. 가장 큰 차이점은 관계를 맺을 수 있는 사람의 수다. SNS를 적극적으로 활용하고 인맥 만들기에 열심인 사람이라면, 대화를 주고받는 지인이 수백 명에 이르는 것도 일도 흔하다. 현실 세계에서는 그렇게 많은 사람과 관계를 유지한다는 것이 거의 불가능에 가깝다. 무엇보다 사람들을 만나는 시간 자체가 부족하기 때문이다.

그만큼 인터넷에서 맺은 인간관계는 깊은 관계로 나아가지 못한다. 물론 상대방과 깊은 대화를 나누며 친밀한 사이로 발전할 수 없는 것은 아니다. 단, 현실 세계와 비교해보면 그 수는 급격히 줄어든다. 또 수많은 사람과 연결되어 있는 사람은 서로의 인생에 영향을 끼칠 만큼 깊은 이야기를 꺼낼 엄두도 내지 못하고, 그저 일시적이고 얄팍한 주제로만 대화를 나눈다. 이런 식으로 만나는 관계에서는 좀처럼 삶과 인간에 대한 깨달음을 얻지 못한다.

인터넷에서는 사람을 골라서 사귈 수 있다는 점도 생각해볼 필요가 있다. 현실 세계에서는 이웃이든 직장이든 자신의 마음에 드는 사람만 골라서 사귈 수가 없다. 때로는 가치관이 맞지 않는 상대, 성격이 달라 친해지기 어려운 상대라고 해도 무시할 수 없다.

사회생활을 하기 위해서는 정말 마주하기 싫은 상대일지라도 잘 지내려고 노력해야 한다. 그런 과정들도 모두 배움의 과정이 된다. 또 자신과 비슷한 사람들만 사귈 때는 깨닫지 못했던 자신의 안일한 사고방식이나 편견, 자신만의 특별한 감성까지도 깨달을 수 있다.

하지만 인터넷에서는 마음에 들지 않는 상대, 기분 나쁜 상대와 굳이 관계를 맺을 필요가 없다. 오로지 자신과 마음이 맞는 상대만 골라 대화를 나누며 편안한 시간을 보낼 수 있다. 사고방식이나 감성, 가치관이 맞지 않는 상대는 다른 세상의 사람으로 간주해 차단할 수 있다.

이를테면 자기를 비판하는 상대와는 유대 관계를 끊고, 자신의 아픈 곳을 찌르는 말은 무시하고, 콤플렉스가 강한 상대는 피하는 식으로 껄끄러운 사람은 전부 배제할 수 있다. 인터넷 환경에서는 이처럼 자기중심적인 유대 방식이 가능하다. 이런 방식에 너무 의존하기 시작하면 바른말을 하는 상대나 사고방식과 감성이 다른 상대와의 대화는 줄어들 것이다. 결국 스스로 깨달음을 얻지 못하고 자신을 객관적으로 바라볼 수조차 없게 된다.

일을 잘하는 사람, 힘이 되어주는 사람, 든든한 사람이 되기 위해서는 자신과는 전혀 다른 성향의 상대와 유대 관계를 맺고 자신의 편견이나 약점, 부족한 면을 깨우쳐야 한다. 자신을 있는 그대로 비추는 거울 같은 인간관계가 필요한 것이다. 그러려면 인터넷에서 맺은 유대 관계에만 의지하지 말고 현실 세계에서 더욱 확실하고 단단한 유대 관계를 맺어야 한다.

진짜 나의 친구는 누구인가

인맥을 중시하는 사람은 사람을 만날 때 이해타산적으로 만나는 경향이 되기 쉽다. 자신이 얻을 수 있는 이익이 무

인터넷 환경에서는 이처럼
자기중심적인 유대 방식이 가능하다.
이런 방식에 너무 의존하기 시작하면
바른말을 하는 상대나 사고방식과
감성이 다른 상대와의 대화는 줄어들 것이다.
결국 스스로 깨달음을 얻지 못하고
자신을 객관적으로 바라볼 수조차 없게 된다.

엇인지 먼저 생각한다. 만약 서로에게 이익이 되는 관계라면 그 인맥은 지속된다. 이때 전제 조건은 상대에게 도움이 될 사람을 소개한다거나 새로운 거래처를 지원하는 식으로 자신이 상대방에 이익을 줄 수 있음을 증명하는 것이다. 즉 상대방에게 이익이 주어지지 않는다면 그 순간 관계는 소원해진다.

사회에서 쌓은 인맥은 대체로 상호 간의 이해타산을 따지는 속성을 띤다. 어린 시절부터 친분을 다졌거나 개인적으로 만난 관계가 아니라면 자신에게 어떠한 이익이 주어지지 않는 상황에서 곤란한 상대를 도와주려 하거나 상대를 위해 발 벗고 나서려 하지 않는다.

'기브 앤 테이크(give and take)'가 이루어지는 동안에는 이해타산적으로 상대방을 위해 행동할 수 있어도, 순수한 마음으로 서로를 위해 나서는 관계는 쉽게 성립되지 않는다. 그런 이해타산적인 관계에서는 자신에게 곤란한 일이 생겼을 때 어떤 도움도 받지 못할 수 있다는 것을 기억해야 한다.

따라서 인맥을 확장하겠다는 목적만 가지고 얕은 유대

관계를 유지하는 것은 신뢰 관계로 이어지는 것도 어려울 뿐만 아니라 시간 낭비에 불과하다. 인터넷에서 수많은 커뮤니티를 통해 인맥을 넓히기보다 먼저 자신의 내공을 쌓아 서로 신뢰할 수 있는 상대와 깊은 유대를 맺는 것이 훨씬 중요하지 않을까.

허세만 남은
빈껍데기의
유령들

얕은 사고에서 나오는 이상한 자신감

주변에 어떤 일이든 잘하는 척하는 사람이 늘어난 배경에는 너도나도 "자기 PR 시대, 셀프 브랜딩 시대"라는 말에 선동당한 탓도 있을 것이다. 또 인터넷의 발달로 자신을 드러내는 데 주저하지 않는 사람, 다시 말해 자신을 대중 앞에 내놓고 표현하면서 쾌감을 느끼는 사람이 늘어난 것도 영향을 끼쳤다고 할 수 있다. 그러나 이처럼 자신이 무엇이든 잘한다고 자신을 내세우는 사람을 별로 신뢰하지 않는 건 나만 그런 게 아닌 것 같다.

실제로 내가 학생들에게 회의에 필요한 프레젠테이션을 맡겼을 때의 일이다. 한 학생이 준비를 잘하고 있는지 걱정되어서 "준비는 잘 되고 있나요? 힘든 점은 없나요?"라고 물었다. 그런데 이때 학생이 "걱정하지 마세요. 완벽합니다"라고 자신만만하게 대답하면 오히려 불안해진다.

대체로 나의 불안감은 적중하는 편이다. 너무나 자신만만한 태도에 비해 예상치 못한 실수를 하기도 하고 준비가 부족해 발표의 수준이 떨어지는 경우를 자주 목격하기 때문이다.

무엇이 문제일까. 바로 스스로 일을 잘한다고 믿고 안이하게 대처하는 얕은 사고 때문이다. 깊이 생각하지 않을수록 사람들은 자신만만해진다. 충분히 사고하지 않아서 생기는 일말의 불안감을 자신감으로 채워 자신을 내세우려고 한다.

누구나 일을 하다 보면 앞이 보이지 않을 때도 있고, 전혀 예상치 못한 상황이 벌어질 때도 있다. 자신이 준비한 프레젠테이션만 생각하느라 미처 예측하지 못한 질문을 받을 때도 있다. 특히 여러 사람이 모인 자리에서는 자신이 전혀 신경 쓰지 못한 부분을 콕 집어내는 사람도 있다. 조목조목 근거를 따지는 사람이 있는가 하면 정확한 수치를 요구하는 사람도 있다.

정말로 일을 잘하는 사람이라면 모든 상황을 사전에 점검하느라 불안감이 커져 절대 낙관적으로 임하지 않는다. 그래서 내가 먼저 준비 상태를 묻지 않아도 스스로 상담을 청하거나 "이런 식으로 준비하고 있는데 괜찮을까요?"라면서 확인하러 온다. 모든 가능성을 감안해 확인하고 용의주도하게 준비하는 모습을 보인다.

자신이 '일을 잘한다'는 식의 자만심에서 비롯한 자기과시는 정작 '일을 못하는 자신'을 들키지 않으려는 자기방어의 다른 모습에 불과하다. 자신의 위치가 어디인지도 제대로 파악하지 못한 사람이 눈앞의 일에 몰두하고 있는 동료에게 '자기 PR 시대에 퍼스널 브랜딩도 하지 못한다'면서 우월감에만 빠져 있다면 정말 난감한 일이다.

대체로 그런 사람들은 실제로 일을 제대로 해낸 적이 없어 꾸준히 노력하는 것조차 힘들어한다. 또 자신과 다르게 일에 몰두하는 사람에게 비판적인 말을 하는 이유는 무의식중에 자신에게 없는 그들의 능력을 시기하기 때문인지도 모른다.

무식하면 용감해진다, 더닝-크루거 효과

심리학자 데이비드 더닝(David Dunning)과 저스틴 크루거

(Justin Kruger)는 흥미로운 심리학 실험을 진행했다. '유머 능력'과 '논리적 추론 능력' 등에 관한 테스트를 실시하고 나서 실험 대상자들에게 각각의 능력에 대한 자기평가를 하도록 요청한 것이다.

실험 대상자들의 능력을 평가할 때에는 퍼센타일(percentile, 기호로는 %ile를 사용한다)이라는 단위를 사용했다. 퍼센타일은 '자신의 능력이 집단에서 하위 몇 % 부근에 위치하는가?'와 같은 식으로 분포를 측정할 때 쓰는 단위다.

예를 들어, 50%ile은 전체 인원 중 정중앙, 즉 평균적인 능력이 있다고 스스로 평가했다는 의미다. 또 80%ile은 자기보다 능력이 높은 사람이 20%, 낮은 사람이 80%라는 의미다. 즉 자신의 능력을 상당히 높게 평가하고 있음을 나타낸다. 반대로 20%ile은 자기보다 능력이 높은 사람이 80%, 낮은 사람이 20%이므로 자신의 능력을 상당히 낮게 평가하고 있음을 나타낸다. 실험을 마치고서 실험 진행자들은 전체 인원을 네 단계의 성적순으로 나누어 상위 4분의 1에 속하는 '최우수 그룹', 두 번째로 높은 성적에 속하는 '평균을 웃도는 그룹', 세 번째로 높은 성적에 속하는 '평균을 밑도는 그룹', 그리고 가장 낮은 성적에 속하는 '최하위 그룹'으로 나눴다.

실험 결과는 매우 흥미로웠다. 각 능력에 대한 실제 점수와 자기평가의 점수가 상당한 차이를 보인 것이다. '유머 능력' 테스트에서 '최하위 그룹'의 점수는 12%ile이었다. 하지만 '최하위 그룹'의 자기평가 점수의 평균은 58%ile, 즉 평균보다 조금 위였다. '최하위 그룹'의 유머 능력은 현저히 떨어지지만, 자신의 유머 능력을 평균 이상으로 생각하고 있다는 것을 나타낸다. 즉, 자신의 능력을 실제보다 과대평가하고 있는 것이다. 반면, '최우수 그룹'에서는 과대평가하는 모습은 볼 수 없었다. 오히려 자신의 유머 능력을 실제보다 과소평가하는 경향이 있었다.

'논리적 추론 능력'에서도 '유머 능력'과 같은 경향이 드러났다. 최하위 그룹의 평균 득점은 12%ile에 불과했지만, 자기평가 점수의 평균은 68%ile, 즉 평균을 크게 웃돌았다. 유머 능력과 마찬가지로 논리적 추론 능력은 현저히 낮음에도 불구하고 자신의 논리적 추론 능력이 평균보다 훨씬 높다고 생각하고 있음을 확인했다. 자신의 능력을 현저히 과대평가하는 경향이 있었다. 이번에도 최우수 그룹에서는 과대평가하는 모습을 볼 수 없고 오히려 자신의 '논리적 추론 능력'을 과소평가하는 경향이 있었다.

더닝과 크루거는 이외에도 몇 가지 실험을 통해 능력이 낮은 사람일수록 자신의 능력을 과대평가하고, 능력이 높은 사람일수록 오히려 자신의 능력을 과소평가하는 경향이 있음을 증명하고 이것을 더닝-크루거 효과(Dunning-Kruger effect)라고 이름 붙였다. 이 실험을 통해 '자신이 일을 잘한다는 주장'이 강한 사람일수록 실제로는 능력이 부족하다는 것을 확인할 수 있다. 만일 습관적으로 자신이 일을 잘한다고 주장한다면, 먼저 '혼자 있는 시간'을 만들어 자신을 객관적으로 바라보는 연습이 필요하다.

쓸모없는 정보를 지식으로 만드는 법

때로 외로움은 삶의 방패가 된다

우리 주변에는 선생님이 너무 많다

요즘은 누구나 SNS를 통해 간단하게 자신을 세상에 드러낼 수 있다. '하고 싶은 말을 하는 건 기분 좋은 일'이라는 사고방식을 가진 이들에게는 정말 많은 기회가 열려 있는 세상이다.

하지만 모든 행동에는 책임이 따르고 뜻하지 않은 위험도 도사리고 있는 법이다. 세상으로부터 주목을 받고 싶은 마음 하나 때문에 경박하고 장난스러운 글을 올려 화제를 모으고는 뿌듯해하는 정도로 끝나기도 하지만, 때로는 특정 가게나 회사에 막대한 피해를 줘 배상금을 물거나 범죄 행위로 몰려 처벌을 받는 식으로 호된 일을 당하는 경우도 종종 있다.

누군가의 경박하고 장난스러운 글을 보고 '스스로 자기 무덤을 파는 바보 같은 짓을 왜 할까?'라며 남의 일처럼 비판을 아끼지 않던 사람도 똑같은 식의 글을 아무렇지 않게 올리기도 한다. 그러면서 요즘 세상에는 자기 목소리를 내는 게 무엇보다 중요하다면서 함부로 인터넷에 글을 올리고 뿌듯해한다. 하지만 말이나 글은 어슬프게 하면 할수록 자신의 부족한 지식을 드러내거나 자신의 부족한 논리력과 얕은 사고력, 상상력의 결핍을 인정하는 단서를 제공할 뿐이다.

말과 글을 신중하게 꺼내는 사람은 인터넷에 자신의 생각을 글로 올리는 것이 얼마나 두려운 일인지 알고 있다. 인터넷에 올린 글은 언제 어디서 누가 읽을지 모른다. 아무리 자신의 전문 분야에 대해 단단한 논리를 가지고 있다 하더라도 세상에는 자신보다 더 능력 있고 해박한 지식을 가진 사람들이 있기 마련이다.

세상이 빠르게 변하고 지식이 새롭게 바뀌는 만큼 언젠가는 자신이 쓴 글에서 자신이 몰랐던 부분이나 미숙하고 부족한 부분이 고스란히 드러나고 말 것이다. 하물며 아직 걸출한 능력을 갖춘 것도 아닌데, 어설프게 자신을 드러내면 다른 사람들에게 자신의 미숙한 사고력과 상상력을 들키게 된다. 자신을 드러내는 데만 급급해 혼자 차분히 생각할 시간도 갖지 않고 지식과 정보를 받아들이는 데 소홀했기 때문이다.

자신의 목소리를 내려는 사람일수록 지식을 탐구하고 깊은 사색을 통해 자신이 말하는 내용의 질을 높일 수 있도록 노력해야 한다. 만약 자신이 아직 부족하다고 판단되면 차라리 목소리를 내지 않는 게 안전하다.

오히려 그런 면에 있어서 젊은 세대들은 중고생 시절부터 SNS를 경험한 덕분에 그 위험성을 잘 인지하고 있는 편이다. 자신의 글로 인해 오해를 받거나 뒤에서 조롱을 당하거나 괴롭힘을 당한 경험이 있기 때문에 SNS의 편리함뿐만 아니라 두려움도 잘 알고 있다.

문제는 뒤늦게 SNS라는 것을 접하고서 SNS의 특성이나 위험성을 인지하지 못한 채 무조건 '좋아요'와 댓글에만 목숨을 거는 사람들이 최근 들어 급격하게 늘고 있다는 것이다. 그들은 SNS의 세계에서 일어날 수 있는 위험 요소들이나 사람들의 반응에 익숙지 않아 자신들이 무엇을 하고 있는지도 잘 모른다.

자신이 올린 글과 사진에 '좋아요'와 댓글이 달리는 것을

자신의 목소리를 내려는 사람일수록
지식을 탐구하고 깊은 사색을 통해
자신이 말하는 내용의 질을
높일 수 있도록 노력해야 한다.

보며 흡족해하는 모습을 보며 누군가가 뒤에서 비웃고 있다는 사실도 잘 알지 못한다. "한심한 어른이야. 저 나이에 저렇게 자랑하고 인정받고 싶을까"라고 자신이 무시당하는 줄도 모르면서 '좋아요'에 일희일비하며 계속해서 글과 사진을 올린다. 우리 시대의 슬픈 자화상이랄까.

페이스북이나 인스타그램에 종종 글이나 사진을 올리고 '좋아요'라는 반응에 기뻐하는 어른들은 SNS 환경의 얕은 유대 관계에 빠지기 전에 스스로 성찰하고 자신을 객관화하는 시간을 가져야만 한다.

세 상 모 든 지 식 의 소 멸

누구든 간단하게 자신의 목소리를 낼 수 있는 시대는 한편으로는 매우 두려운 시대이기도 하다. 인터넷에 한번 올린 글과 사진의 파급 효과는 우리의 상상을 훨씬 초월한다. 글은 글쓴이의 교양이나 능력, 인간성 같은 내면의 모습을 고스란히 드러낸다. 자신의 있는 그대로의 모습이 드러나는 줄도 모르고 굳이 올리지 않아도 될 글이나 사진을 올려 문제를 일으키기도 한다. 블로그, 트위터, 페이스북을 보면 사람들은 매일같이 자기 생각을 표현한다.

일기를 끼적이듯 마음속 말을 후련하게 끄집어내거나, 친구들에게 자기 기분을 이해해달라는 식으로 올린 글은 그나마 낫다. 문제는 자기가 얼마나 똑똑하고 잘났는지를 드러낼 목적으로 글과 사진을 올리는 경우다.

일과 관련된 정보를 올리거나, 자신의 지식을 뽐낼 수 있는 소재 하나를 건졌다 싶으면 잘난 척하며 해설을 늘어놓는 식으로 자신이 유능함을 알리려는 사람들이 너무나 많다. 세상으로부터 자신에 대한 긍정적인 평가를 얻으면 언제나 또 다른 이익으로 이어질 거라 믿어 의심치 않기 때문이다.

하지만 그런 식의 글들은 대부분 역효과만 남길 뿐이다. 조금만 생각해보면 그 이유를 바로 알 수 있다. 만약 내가 이미 알고 있는 지식이나 정보를 상대가 "아마 당신은 이런 걸 모를 거야"라는 뉘앙스를 풍기며 득의양양 늘어놓는다면 어떤 기분이 들까. 그 분야에 대해 조금만 관심 있는 사람이라면 당연히 알 수 있는 정보를 마치 대단한 발견이라도 한 것처럼 사방에 퍼뜨리는 사람에게는 또 어떤 생각이 들까.

그저 가벼워 보이고 가소롭다는 생각이 들지 않을까. 결국 별 다른 내용이 없는 글에 "대단해요!"라고 감탄하고 긍정적인 평가를 아끼지 않는 사람은 당사자보다 지식이 부족한 사람, 능력이 떨어지는 사람, 공부를 등한시했던 사람일 가능성이 크다. 그런 사람들에게 "대단해요!"라는 부추김을 받고 긍정적인 평가를 얻어서 어떤 이익이 생길지 궁금하다.

지식이 부족한 사람이나 평소 매사에 깊이 생각하지 않는 사람에게 자신이 알고 있는 지식을 알려주거나 아이디어에 대해 해설해주는 것을 나쁘다고 할 수는 없다. 전문가로서 사람을 키우는 위치에 있다면 상대에게 도움도 되고 스스로도 보람을 느낄 수 있는 좋은 일이다. 단, 아직 지식을 흡수하고 내공을 키워야 할 젊은이라면 너 높은 목표를 향해 매진하고 자기보다 우수한 사람들로부터 자극을 받는 게 더 중요하지 않을까.

일본에서 영어 회화 붐이 일며 미국으로 진출하는 젊은 이가 늘기 시작했을 무렵 "드디어 일본의 국제화가 시작됐다"는 환영의 목소리가 커졌다. 그런가 하면 정반대로 "영어를 커뮤니케이션의 도구로밖에 생각하지 않는 교양 없는 일본인이 점점 늘어 오히려 국제적으로 무시를 당할지 모른다"는 우려의 목소리도 있었다.

실제로 "미국에 가서 현지인들에게 일본 문화에 관한 질문을 받아도 자국 문화에 대한 공부를 전혀 하지 않고 관심조차 가진 적이 없어 꿀 먹은 벙어리가 되고 말았다"는 경험담을 자주 접하고서 큰 충격을 받았다. 차라리 영어를 전혀 하지 못하면 그 사람에게 교양이 없는 것도 드러나지 않지만, 오히려 영어를 너무 잘하는 바람에 그 사람에게 부족한 내면의 교양이 고스란히 드러난 것이다.

인터넷 시대에는 그런 현상이 더욱 두드러지고 있다. SNS를 적극적으로 활용하면서 손쉽게 글과 사진을 올릴 수 있게 되자 사람들의 교양과 지식의 수준이 여과 없이 드러나기 시작한 것이다.

앞서 지적했듯이 자기과시나 자기 PR이라는 명목으로 적극적인 SNS 활동을 하더라도 새로운 지식이나 정보 또는 독특한 관점을 갖지 않는 한, 평소 지식을 꾸준히 쌓고 깊은 사고를 하는 사람들에게는 진부한 내용에 지나지 않는다. 누구든 간단하게 자신의 생각을 SNS에 올릴 수 있는 시대인 만큼, 글 하나 사진 하나에 더 신중해져야 한다. 자기과시나 자기 PR도 과하면 오히려 독이 될 수 있음을 명심하기 바란다.

사람은 자기보다 그릇이 작은 사람은 잘 알아도 자기보다 그릇이 큰 사람은 잘 모르는 법이다. 자기보다 부족한 사람은 눈에 잘 띄어도 자기보다 뛰어난 사람은 잘 보이지 않는다. 금세 자신의 부족함이 드러날 내용을 마구잡이로 SNS에 올리는 경솔함의 위험성을 확실히 인식하자.

내 글과 사진에 누군가는 상처받는다

유명인은 SNS에 무심코 올린 글로도 악플에 시달리기 쉽다. 일반인들이라고 예외는 아니다. 사회문제와 관련해 자기 의견을 올렸다가 타인들로부터 반발을 일으켜 댓글의 뭇매를 맞기도 한다. 하지만 일반인이 개인적인 네트워크에 올리는 글이나 사진에는 드러내놓고 불평을 말하지 않는다. 그래서 더 주의가 필요하다.

이를테면, 우연히 방문한 레스토랑의 분위기가 마음에 쏙 들어 사진을 찍어서 자신의 SNS에 올렸다고 하자. 자신이 올린 사진을 보는 누군가가 어떤 심리적 반응을 보일지에 대해 전혀 생각하지 않고서 과시하거나 자랑 일색으로 도배를 한다면 허세를 부린다고 오해받기 쉽다.

혹시 당신의 글을 본 사람이 콤플렉스를 갖고 있다면 '저 사람은 저렇게 멋진 레스토랑에서 스테이크를 먹는데 난 겨우 컵라면이라니!' 하고 신세를 한탄할지도 모른다. 당신의 글을 보는 사람이 누구인지 특정할 수 없는 만큼 신중을 기해야 한다는 말이다.

또 요즘은 여행지의 멋진 풍경에 반해 자신이 느낀 감동을 고스란히 전하고 싶어 SNS에 사진을 올리는 사람들도 많다. 하지만 당신의 글을 본 누군가는 '나는 일에 치여 아등바등하고 있는데 팔자가 늘어졌구나', '뭐야, 여행 갔다고 저렇게 티를 내고 싶나. 돈 많다고 자랑하는 거야?'라고 생각하기도 할 것이다.

출장지에서 잠깐 시간을 내어 찍은 사진에도 '출장을 참 많이 다니는구나. 부럽다!' 같은 솔직한 반응이 아니라 '출장이 아니라 완전히 놀러 간 거네. 자랑 좀 작작 하시지' 같은 반감을 살 수도 있다.

은근 과잉증후군과 은근 과민증후군

누구나 남들로부터 인정받고 싶은 욕구가 조금씩 있다. 특별한 일을 경험하면 은근히 자랑하거나 티를 내고 싶어 한다. 또 다른 사람으로부터 자신의 노력과 그 결과를 인정받으면 기뻐서 어쩔 줄 모른다. 그래서 자신의 공로를 과시하거나 열심히 노력하고 있다는 것을 은근히 알리려는 심리가 있다.

물론 SNS 세계의 인간관계에서도 은근히 잘난 척하는 일은 이어진다. 모처럼 호화여객선을 타게 되면 여지없이 그 모습을 찍어 SNS에 올린다. 또 이성을 사귀기 시작했다면 데이트 사진을 찍어 올리기도 한다.

어떤 일이든 지나치면 주위의 반발을 부르는 법이다. 자신감이 없어 불안함을 느끼는 사람일수록 주의해야 한다. 자신의 노력과 그 결과를 효과적으로 알리는 방법을 잘 모르기 때문에 남들에게 인정받기 위해 끊임없이 자랑하려 들기 때문이다.

나는 이런 유형의 행동을 '은근 과잉증후군'이라고 부른다. 어떤 행동이든 과도한 자기과시는 주위 사람의 짜증을 유발해 도리어 반감을 살 뿐 아니라 자신의 추한 모습까지 드러낼 뿐이다.

그런가 하면, 어떤 일에든 자만하거나 초조해하는 사람이 있다. 특히 상대방은 전혀 티를 낸 적이 없는데도 불구하고 '잘난 척한다', '허세 부린다', '일부러 저런다'면서 자기의 느낌대로 과민하게 반응하며 짜증을 내는 경우도 있다.

이런 유형을 '은근 과민증후군'이라고 부른다. 이런 유형의 사람들은 보통 호의적으로 받아들이는 가족사진이나 커플사진에도 화를 내곤 한다. 단순한 업무 이동 통보에도 마음을 크게 다친다. 이러한 과민한 반응의 배경에도 역시 콤플렉스가 잠재되어 있다고 볼 수 있다.

타인과의 원활한 관계를 맺고 유지하기 위해서는 자신의 말 한마디가 주변에 어떻게 받아들여질지 상상해봐야 한다. 동시에 자신의 심리가 어떻게 변하는지 성찰하는 시간도 필요하다. 이때에도 평소 혼자 있는 시간에 자신을 돌아보며 성찰하는 기회를 얼마나 가졌었는지가 중요하다.

'좋아요'에 목숨 걸지 마라

앞서 말했듯이 누구나 인정받고 싶은 욕구가 강하다. 인간의 욕구에 관한 연구로 널리 알려진 심리학자 에이브러햄

타인과의 원활한 관계를 맺고
유지하기 위해서는 자신의 말 한마디가
주변에 어떻게 받아들여질지 상상해봐야 한다.
동시에 자신의 심리가 어떻게 변하는지
성찰하는 시간도 필요하다.
이때에도 평소 혼자 있는 시간에 자신을 돌아보며
성찰하는 기회를 얼마나 가졌었는지가 중요하다.

매슬로(Abraham H. Maslow)는 욕구 단계 이론을 정립하면서 '인간의 기본 욕구' 중 하나로 승인 욕구를 이야기했다.

인터넷 시대에 접어들면서 승인 욕구는 그 어느 때보다 강력하게 작용하고 있다. 내 주변을 보더라도 '좋아요'라는 반응을 얻는 것으로 승인 욕구를 채우려는 사람들이 정말 많아졌다. 업무에서 성과를 올리고 능력을 인정받아 승인 욕구를 채우는 것과 비교하면, 남보다 조금 앞선 생각이나 정보를 SNS에 올리고 '좋아요'라는 반응을 얻어 승인 욕구를 채우는 것은 굉장히 쉽고 간단한 방법이다. 인터넷에서 이루어지는 만큼 글을 올리는 즉시 승인 욕구가 채워지기도 한다.

반면 업무에서는 성과를 내려고 열심히 노력해도 반드시 성과로 이어지지 않는 경우도 많다. 성실하게 일한다고 반드시 보상받는다는 보장도 없다. 그것이 현실이다. 어쩌면 인터넷에서 승인 욕구를 채우려는 사람들이 많아지는 것은 자연스러운 현상인지도 모른다.

하지만 '좋아요'라고 감탄하는 사람이나 그런 반응에 만족하는 사람이나 똑같이 인터넷이라는 환경에서 간편한 유대 관계를 유지하며 안이한 생각에 빠져 있을 뿐이다. 아무리 '좋아요'로 승인 욕구를 채운다고 해도 실제 업무에서 성과를 내어 승인 욕구를 채우는 것만큼 현실의 일이나 생활에 영향을 주지 못한다. 그저 얕은 자기애만 만족시킬 뿐 왠지 모를 허무함만 남는다.

발상의 전환이 필요한 시기다. 무엇보다 승인 욕구를 손쉽게 채워 만족하려는 생각을 버려야 한다. 사람은 자신의 욕구가 채워지면 게을러지기 마련이다. 누구나 채워지지 않는 욕구가 남아 있을 때 끊임없이 자신을 자극하고, 자기 실력과 내공을 쌓는 힘을 기르기 때문이다. 이를테면 바닷가재를 먹고 싶다는 욕구는 바닷가재를 배불리 먹는 순간 사라져버린다. 한 번 채워진 욕구는 더 이상 사람을 자극하는 힘을 갖지 못한다.

인터넷에서도 '좋아요'라는 반응으로 승인 욕구를 채워버리면 승인 욕구가 줄어든다. 더 이상 인정받기 위해 열심히 하려는 마음이 줄어드는 것이다. 하지만 실제로는 제대로 된 평가를 받은 것이 아니다.

한순간에 채워지고 마는 승인 욕구만으로는 성장을 기대할 수 없다. 손쉽게 채울 수 없는 승인 욕구에 대해 불만인 상태, 즉 지식에 굶주린 채로 언제라도 배울 수 있고 깊은 사색에 잠길 수 있는 혼자만의 시간을 가져야 한다. 그저 자신을 드러내는 일에만 혈안이 되거나 타인의 사고를 받아들여 자신의 것으로 숙성시키지 않고 표현하는 데 급급하다면 자신도 모르게 경박함을 드러낼 뿐이다. 그런 사람이 전하는 정보에 누가 관심을 가질 것이며, 어떤 가치가 있을까.

나는 타인의 비판을 받아들일 수 있는가

자신을 세상에 적극적으로 드러내는 사람 중에는 자기의견에 공감하는 반응에는 즉시 답하면서도 비판적인 반응이나 지적에는 공격적인 태도를 보이거나 심한 경우 무시하는 사람도 있다.

공격적이거나 무시하는 사람들은 자신의 의견을 발신하

는 힘, 즉 발신력(発信力, 일본에서 많이 사용하는 용어로 전달하는 능력, 홍보하는 능력을 가리킨다-번역가 주)을 가졌을지는 몰라도 상대방의 의견을 받아들이는 힘, 즉 수신력(受信力, 발신력과 함께 일본에서 많이 사용되는 용어로 타인의 말이나 생각, 정보를 받아들이는 힘을 뜻한다-번역가 주)을 갖고 있지 않은 것이다.

누군가로부터 비판적인 반응이나 지적을 받았다면 자신이 미처 생각하지 못한 사고를 깊이 단련할 수 있는 절호의 기회다. 그런 기회를 통해 스스로 깨닫지 못한 맹점을 깨달을 수도 있다. '이런 견해도 있구나', '그래, 저런 비판도 가능해', '내가 생각해도 이 말은 일리가 있어'라고 새로운 깨달음을 얻을 수 있는 기회인 것이다.

또 상대방의 질문에 어떻게 답해야 할지, 비판에 어떻게 대응해야 할지를 궁리하면서 다양한 시각으로 문제를 바라볼 수 있게 된다.

때로는 예상에서 빗나간 질문이나 비판과 마주하기도 한다. 그래도 '이런 식으로 받아들이는 사람도 있구나', '사

누군가로부터 비판적인 반응이나
지적을 받았다면 자신이 미처 생각하지 못한
사고를 깊이 단련할 수 있는 절호의 기회다.
그런 기회를 통해
스스로 깨닫지 못한 맹점을 깨달을 수도 있다.

람에 따라 이해의 틀이 참 다르구나', '오해하지 않게 더 신중하게 표현해야겠다'와 같은 깨달음을 얻을 수 있다. 물론 기분을 나쁘게 만드는 반응을 마주하는 경우도 있겠지만, 다른 사람들의 의견을 제대로 받아들일 때 사고 능력은 단련된다.

무엇보다 수신력을 높일 필요가 있다. 상대가 무엇을 말하고자 하는지, 왜 그런 식으로 생각하는지, 그 의도나 동기를 읽어내고자 하는 자세로 대응해야 한다. 직접 얼굴을 마주한 자리에서는 상대방의 말을 무시하지 못하지만, 인터넷이라면 쉽게 무시할 수 있어 자신이 듣기 좋은 반응만 받아들이고 거슬리는 말은 거르기 쉽다. 그래서 인터넷 세계에 빠져버리면 인간관계만 얕아지는 것이 아니라 사고력까지도 줄어드는 것이다.

수신력을 높이면 이전까지 큰 흥미가 없던 문제에도 흥미를 쏟을 수 있다. '그래, 이제 이런 말을 하고 싶은 거야!', '이 정보는 이런 의미가 있지 않을까?'라는 식으로 상대의 의도나 동기를 읽어내기 위해 충분히 생각하기 때문에 사고력이 깊어진다. 그만큼 깊은 사고를 할 수 있는 혼자 있는 시간을 소홀히 해서는 안 된다.

3장
관계 중독이 가져온 만성 피로감

스마트하지 않은
스마트폰

때로 외로움은 삶의 방패가 된다

우리는 얼마나 스마트폰에 중독되었나

앞서 스마트폰이 등장하면서 책 읽는 사람과 스스로 생각하는 사람이 줄어든 현상, 얕은 유대 관계와 지나친 자기과시가 경박한 사고를 초래하는 현상에 관해 이야기했다. 이러한 현상들이 일어나는 원인에 대해 진지하게 생각해볼 필요가 있다.

오늘날 사람들은 끊임없이 누군가와 이어져 있지 않으면 너무나 불안해한다. 이러한 증상을 이 책에서는 '관계 의존'이라고 부르기로 하겠다. 관계 의존의 실례는 주변에서 쉽게 찾아볼 수 있다. 스마트폰이 대학생이나 젊은 직장인들에게 끼친 영향을 이야기하다 보면, 몇 명의 친구가 있는지를 놓고 보이지 않는 경쟁을 하는 현상이 늘었다는 말을 듣곤 한다. 온라인에서 맺은 수많은 얕은 유대 관계를 유지하려면 SNS를 통해 끊임없이 대화를 주고받아야 한다.

눈앞에 있는 친구를 두고도 스마트폰 속에서 만나는 인맥에서 눈을 떼지 못하는 사람들이 우리 주변에는 너무나 많다. 그런 사람들을 보면 자신의 앞에 누가 있는지는 중요하게 생각하지 않는 듯하다. 오로지 스마트폰에만 온 신경을 쏟고, 분명 마주 앉아 대화를 하고 있음에도 마음은 다른 어딘가에 가 있는 것처럼 머리와 손가락으로 누군가와 대화를 주고받는 식이다. 과연 오프라인에서 만나는 사람에게 신경을 쓰긴 하는지, 관계를 지속하는 것이 괜찮은 것인지 의아한 생각이 들기도 한다.

학교에서도 수업 중에 스마트폰을 손에서 내려놓지 못하는 학생이 있다. 누군가와 계속 대화를 주고받는 것 같아 몇 번씩 주의를 줘도 조금 지나면 다시 스마트폰을 만지작거리곤 한다. 이미 일생생활에서 습관으로 자리 잡아 통제 불능 상태에 이른 듯한 느낌이다.

물론 스마트폰에 중독된 학생들만 학교에 있는 것은 아니다. 현실 세계의 생활에 충실한 학생들은 SNS에 대한 의존도가 그리 높지 않다. 또 주변에서 스마트폰만 만지는 친구들을 보며 그들이 고독을 굉장히 두려워하는 것 같다고 말한다. 분명 현실 세계의 생활에 충실한 사람은 온라인에서 만나는 인맥에 의존하지 않고 친구들과 있을 때 그 순간에 집중한다. 그러다가도 혼자일 때는 사색에 잠기거나 취미나 공부에 몰두한다.

간혹 학생들 중에는 끊임없이 SNS에서 울려대는 알림에 반응하는 것도 성가시고 다른 사람들과 몰려다니며 함께 밥을 먹는 것도 개인 시간을 빼앗기는 것 같아 별로 즐기지 않는 편이라고 말하는 학생들도 있다.

현실 세계의 생활에 몰입하지 못하는 사람들은 자신에게 주어진 시간을 온전하게 나만의 시간으로 쓰는 법을 몰라 끊임없이 누군가와 이어져 있으려는 경향이 강하다. 그렇게 되면 자신의 시간이 사라진다는 개념조차 사라져버린다. SNS상에서 많은 사람들과 대화를 나누거나 수시로 술자리나 모임을 만들어 한바탕 떠들어대며 기분을 달래는 것도 고독을 견디지 못하기 때문이다.

하지만 이런 생활이 거듭될수록 점점 더 현실에 충실한 생활과는 거리가 멀어진다. 학창 시절부터 이런 라이프스타일에 익숙해지면 직장인이 되어서도 좀처럼 그 생활에서 벗어날 수 없다.

직장에서도 수시로 스마트폰을 만지다가 상사나 선배에게 주의를 받는 젊은이들이 있다. 그들도 마찬가지로 일단 습관이 몸에 익어버리면 굳은 의지 없이는 습관을 버리기 어렵다. 그래서 요즘에는 근무 시간 동안 스마트폰 사용을 전면 금지하는 회사도 늘고 있다. 그만큼 스마트폰에 신경을 쏟는 자신을 통제할 수 없는 젊은이가 많아지고 있는 것이다.

최근에는 젊은이뿐만 아니라 중장년층도 스마트폰에 중독되는 경향이 있다. 아마도 사회 전반적으로 일선에서 물러날 수밖에 없는 자신들의 현실에 대한 아쉬움을 스마트폰으로 달래며 관계 의존 성향이 나타나는 것은 아닐까.

"젊은 시절에 꿈꿨던 인생과 너무 거리가 멀다."
"회사에서 활약은커녕 애물단지 늙은이 취급을 받는다."
"내가 젊을 때는 선배들의 눈치를 봤는데, 요즘 젊은이들은 내 눈치를 전혀 보지 않는다. 오히려 내가 눈치를 본다."

"젊은 시절엔 연공서열(年功序列, 근속 연수나 나이가 많아질수록 직급과 연봉이 자동으로 올라가는 인사제도-번역가 주)을 중시했는데, 지금은 오로지 성과 중심이다."
"내 가족을 위해 지금껏 앞만 보고 달렸는데, 이제는 집에 일찍 들어가도 머물 곳이 마땅찮아 마음이 불편하다."

사회에서 젊은이들에게 밀려났다고 느끼는 중장년층들은 자신의 젊은 시절에 대한 회상과 현실에 대한 쓸쓸함을 느끼며 통절한 고독감에 휩싸인다. 그런 고독감에서 해방되기 위해 SNS에 빠져드는 사람도 적지 않다. 하지만 얕은 유대 관계를 맺어도 전혀 달라지는 것은 없다. 일단 혼자가 된 자신을 돌아보자. 바로 그곳에서부터 나아갈 길을 찾아야 한다.

왜 늘 시간이 부족하다고 느끼는 걸까

2014년 일본 문부과학성이 초등학교 5학년에서 고교 3학년까지를 대상으로 실시한 수면에 관한 조사에 따르면, 하루 2시간 이상 스마트폰을 사용하는 학생이 전체 학생 중 21.9%라고 한다. 특히 고교생은 30%가 응답하며 꽤 높은 비율을 보였다.

수면 직전까지 스마트폰 같은 IT 기기를 접하는 경우가 자주 있다고 답한 학생은 전체 학생 중 51%에 달했다. 그중 고교생은 전체 학생 중 60%가 넘었고, 2학년 학생의 경우 67.6%로 3명 중 2명이 수면 직전까지 스마트폰을 사용한다고 했다.

또 잠들기 직전까지 스마트폰 같은 정보 기기를 사용한 적이 '자주 있다'고 답한 중학생의 78.1%, 고교생의 85.4%가 '아침에 일어나기 힘든 적이 있다'고 답했다. 중학생의 68.9%와 고교생의 82.3%는 '오전 수업 시간에 심하게 졸린 적이 있다'고 답했다. 이처럼 많은 중고생들이 생각보다 더 많은 시간을 스마트폰을 하는 데 할애하고 있다는 것을 알 수 있었다. 나아가 과도한 스마트폰 사용으로 잠을 충분히 자지 못하며, 학교에서 수업시간에 집중하지 못하고 있다는 사실도 확인할 수 있었다.

또한 총무성 정보통신정책연구소가 실시한 '고교생의 스마트폰·앱 이용과 인터넷 의존 경향에 관한 조사'에 따르면 인터넷에 심하게 의존하는 경향을 보이는 고교생은 4.6%에 달했다. 평균적으로 보면, 인터넷 의존 경향이 강한 학생들의 스마트폰 또는 피처폰 이용 시간은 하루 262.8분이나 되었다. 매일 4시간 반 동안 스마트폰 또는 피처폰을 손에 쥐고 있는 셈이다.

지나친 인터넷 사용에 따른 증상

- 은둔형 외톨이에 가까워졌다(12.4%)
- 건강 상태가 악화됐다(9.5%)
- 지각과 결석이 잦아졌다(8.8%)

일본 국립 청소년교육진흥기구가 2015년에 한국, 일본, 중국, 미국 4개국의 고교생을 대상으로 한 비교조사에 따르면, SNS 이용자 비율은 일본이 82.9%로 4개국 중 가장 높았다. 이처럼 일본인의 SNS 이용도가 높은 만큼 일본은 스마트폰 의존에 따른 악영향을 더 인식할 필요가 있다. 학생뿐 아니라 직장인이 되어서도 SNS에 온 신경을 쏟으며 스마트폰 의존에서 빠져나오지 못하는 사람이 적지 않기 때문이다.

총무성 정보통신정책연구소의 '고교생의 스마트폰·앱 이용과 인터넷 의존 경향에 관한 조사'(2014)에 따르면, 스마트폰 사용으로 인해 고교생들이 공부 시간 부족을 경험하고(34.1%), 수면 부족을 경험했다고 한다(40.7%).

고교생의 40%에 가까운 학생들이 스마트폰 사용으로 인해 수면 부족을 겪고 있다는 것은 학생 개인의 건강 문제로도 심각한 사안이지만, 3명 중 1명이 스마트폰을 사용하느라 공부 시간 부족을 경험한다는 것은 교육적 관점에서 매우 심각한 문제가 아닐 수 없다.

스마트폰 사용에 따른 악영향

- 틈만 나면 인터넷을 한다(42.6%)

- 스스로 인터넷 의존이라 생각한다(25.0%)
- 깨어 있는 동안 늘 스마트폰으로 인터넷을 한다 (12.3%)

늘 스마트폰을 만지며 틈만 나면 인터넷에 빠져드는 학생이 차분히 책상에 앉아 공부할 수 있는 심리 상태를 유지하기란 쉽지 않은 일이다. 학교에서 눈치를 보며 의무감만으로 책상에 앉아 있어 공부에 깊이 집중하지도 않는다. 그런 학생들에게 SNS를 하면서 걱정되거나 부담스러웠던 점은 없었는지를 묻는 조사도 진행되었다.

SNS를 할 때 신경 쓰는 것들

- 자신이 써서 게시한 글에 문제가 없는지 지속적으로 고민함(27.7%)
- 메시지를 읽었는지 확인(22.4%)
- 친구와의 대화를 좀처럼 끝내기 어려움(17.6%)
- 자신이 쓴 글에 반응이 없는 것(15.9%)
- 메시지가 오면 바로 답장해야 한다는 압박(12.1%)

• 친구의 메시지를 확인해야 한다는 생각(11.8%)

내가 20대부터 70대까지 직장인과 20세 전후 대학생을 대상으로 한 조사에서는 '혼자 남겨지면 곧바로 스마트폰을 만진다'는 항목에 '그렇다'고 답한 30대 이상 직장인(32%)보다 20대 직장인(48%)과 학생(56%)들이 훨씬 더 스마트폰에 의존하는 경향이 강했다.

마찬가지로 'SNS에 늘 신경을 쏟는다'는 항목에서도 '그렇다'고 답한 30대 이상 직장인(11%)보다 20대 직장인(32%)의 비율이 3배 정도 높았다. '늘 메시지나 SNS로 친구와 대화하고 있다'는 항목에서도 30대 이상의 직장인(14%)보다 20대 직장인(39%)과 학생(48%)의 비율이 3배 정도 높게 나타났다.

대체로 학생과 20대 젊은 세대가 스마트폰에 더욱 의존한다는 것이 증명된 것이다. 이런 조사 결과를 보며 학생들은 직장인보다 시간적으로 여유가 있으니 스마트폰을 더 많이 활용하는 것이 아니냐고 생각할 수 있지만, 직장인들 중에서도 젊은 세대일수록 스마트폰 의존도가 더 높게 나타났다.

또한 젊은 세대에 비해 비율적으로는 낮은 편이지만 상당수의 중장년층도 스마트폰 의존 경향을 보였다. 실제로도 지하철 안에서 스마트폰과 물아일체가 된 사람은 젊은 세대뿐만이 아니다. 지하철 안에 있는 사람들을 보고 있으면 하나같이 자신의 내면 세계에는 관심이 없는 것처럼 보인다.

지하철에 오르자마자 가방이나 주머니에서 스마트폰을 꺼내어 메시지를 확인하고 답장하거나, 지인이 올린 글에 댓글을 단다. 글이나 사진을 올린 사람이라면, 다른 사람들이 어떤 반응을 할지 궁금해 틈나는 대로 확인하기도 한다. 책을 읽거나 사색을 하는 사람을 만나는 것은 정말 드문 일이다.

집에 돌아온 후에도 스마트폰을 손에서 내려놓지 못하는 사람들이 적지 않다. 밥을 먹으면서도 텔레비전을 보면서도 메시지가 날아들 때마다 확인해야 직성이 풀리는 듯하다. 목욕할 때조차 스마트폰에 신경을 쏟고, 잠자리에 들

밥을 먹으면서도 텔레비전을 보면 서도
메시지가 날아들 때마다 확인해야
직성이 풀리는 듯 하다.
목욕할 때조차 스마트폰에 신경을 쏟고,
잠자리에 들어서도 스마트폰을 만지작거린다.
이처럼 스마트폰은 우리에게서
사색의 시간과 여유를 앗아갔다.

어서도 스마트폰을 만지작거린다. 이처럼 스마트폰은 우리에게서 사색의 시간과 여유를 앗아갔다.

사고력과 창조력의 적은 누구

스마트폰을 손에서 놓지 않으면 타인과 계속 이어져 있다는 생각에 어떤 일을 하더라도 신경을 끄지 못하고 매사에 집중력을 잃기 쉽다. 또 무엇이든 즉시 검색하는 버릇을 들이면 기억력을 활용하거나 골똘히 생각하는 습관을 잃게 된다. 이러한 검색 습관과 집중력 결여는 자연스럽게 사고력 저하로 이어진다.

의사 결정 연구의 권위자인 텍사스오스틴대학 애드리안 워드(Adrian Ward) 교수와 캘리포니아대학 크리스틴 듀크(Kristen Duke) 교수팀은 '스마트폰 사용이 우리의 인지 능력에 어떠한 영향을 미치는가'에 관한 조사연구를 실시했다. 연구팀에 따르면 스마트폰을 사용하지 않고 그냥 옆에 두는 것만으로 스마트폰이 없을 때보다 인지 능력이 떨어진다고 한다.

첫 번째 실험에서는 수학 문제를 풀면서 무작위의 문자열을 기억하도록 지시했다. 실험 대상자들은 복잡한 인지 작업을 하면서 기억력을 유지해야만 했다. 두 번째 실험에서는 스마트폰의 소리와 진동 기능을 끄게 한 후 다음 세 가지 조건 중 하나를 선택하도록 했다.

① 스마트폰을 눈앞에 놓아둔다(책상에 엎어 놓는다)
② 스마트폰을 주머니나 가방에 넣어둔다
③ 스마트폰을 다른 방에 둔다

실험 결과, 스마트폰을 다른 방에 둔 그룹이 가장 좋은 성적을 기록했고, 다음으로 주머니나 가방에 넣어둔 그룹, 마지막으로 스마트폰을 책상에 놓아둔 그룹의 순서로 성적이 점점 나빠졌다. 스마트폰 전원을 완전히 끈 경우도 결과는 동일했다.

이러한 차이는 통계상으로 큰 의미가 있다. 많은 연구자들이 스마트폰 사용의 폐해에 대해서 자주 지적하지만, 이 실험을 통해 스마트폰을 옆에 두는 것만으로도 인지 능력이 떨어진다는 사실을 확인할 수 있다. 스마트폰이 옆에 있다는 사실만으로도 사고력이나 창조력이 저하되고 문제 해결력과 창조력이 떨어지는 것이다.

또 연구팀의 분석에 따르면, 스마트폰에 대한 유대감이 강한 사람일수록 악영향을 받기 쉬운 것으로 나타났다. 스마트폰 없이는 하루도 지낼 수 없다거나 스마트폰을 사용하지 않으면 정말 곤란해하는 사람일수록 스마트폰을 옆에 두는 것만으로 인지 능력이 떨어지고 일의 질이 저하된다는 것이다.

물론 업무상 필요한 정보를 검색하거나 약속 상대와 의사소통을 해야 할 때 스마트폰이 매우 편리한 도구임에는 틀림없다. 그렇다면 답은 간단하다. 반드시 필요할 때 스마트폰을 사용하는 것은 괜찮지만, 달리 필요가 없을 때에는 눈에 띄지 않는 곳에 두면 된다.

연구팀도 일의 생산성을 높여야 하거나 스마트폰을 직접 사용하지 않아도 되거나 오랜 시간 집중해야 할 일이 있을 때에는 스마트폰을 다른 방에 두라고 제안한다. 또 회의를 할 때에는 '회의 중 스마트폰 사용금지'라고 주의사항을 전하는 것으로는 부족할 수 있으니 아예 스마트폰을 다른 곳에 두고 회의에 참석하도록 유도하는 것이 효과적일 수 있다. 그렇게 집중력을 높이고 두뇌를 많이 활용하게 되면 창조적인 능력도 충분히 발휘될 것이다.

오래전부터 스마트폰의 폐해를 우려하는 목소리는 있었지만, 스마트폰을 사용하지 않고 그냥 옆에 두는 것만으로도 집중력과 사고력, 창조력이 저하된다는 사실이 입증된 것은 획기적인 일이다. 무엇보다 스마트폰의 편리함에 현혹되어서는 안 되며 폐해 또한 심각하게 받아들여 현명하게 사용할 필요가 있다.

스마트폰을 그만두거나, 학생을 그만두거나

스마트폰의 폐해가 우려되는 가운데 사회에 첫발을 딛기

전부터 스마트폰에 지나치게 의존하는 젊은이들이 늘고 있다. 스마트폰을 지나치게 사용하는 습관을 들이면, 업무 효율뿐만 아니라 사회생활을 원활하게 하기 위해 스마트폰을 멀리해야 한다는 걸 알면서도 실천하기가 어려워진다. 학생이라면 더더욱 스마트폰 사용 습관에 주의해야 한다.

학창 시절은 주변의 방해에도 휘둘리지 않고 도서관에서 책을 읽으며 학업의 세계에 빠지기에 최적의 시간이다. 또 책 속 저자와 대화를 나누면서 자신만의 사색에 빠지는 식으로 내면의 자신과 마주하며 인생에 관한 다양한 생각과 내실을 다지는 시기다. 그런 시기를 통해 인간으로서의 깊이가 생기고 매사를 판단하는 기준도 생긴다. 하지만 오늘날에는 대다수의 대학생들이 SNS에 많은 시간을 쏟고 있으며, 책을 읽거나 자신과 마주하는 일 없이 시간을 낭비하고 있다.

신슈대학(信州大学)의 야마자와 기요히토(山澤清人) 학장은 2015년 4월 입학식 기념사에서 "스마트폰을 그만둘 것인가, 아니면 학생을 그만둘 것인가?"라는 질문을 던져 화제가 된 적이 있다. 젊은이들이 스마트폰에 의존하는 사회적 분위기에 대한 우려를 나타낸 야마자와 학장은 스마트폰에 의존하는 것은 지성, 개성, 창조성을 해치는 요소밖에 되지 않는다고 강조했다. 스마트폰처럼 '익숙한 세계'에만 빠져 있으면 뇌에서 정보를 흡수하는 능력이 떨어지고 시간이 순식간에 지나가버리기 때문이다.

그는 스마트폰의 전원을 끄고 책을 읽거나 옆에 있는 친구와 대화를 시작하는 것을 제안했다. 또 스스로 생각하는 습관을 들여 자신에게 주어진 모든 문제를 근본부터 생각하고 매사에 최선을 다할 때 독창성이 풍부한 대학생으로 거듭날 수 있다고 강조했다.

야마자와 학장이 제안한 내용은 비단 학생만의 문제가 아니다. 갓 사회에 진출한 사람들을 보더라도 대부분 스마트폰으로 SNS, 게임, 정보 검색을 하는 데 많은 시간을 들일 뿐 자신의 세계에 빠져들고 사색에 잠기며 내실을 다지는 시간은 잃어가고 있다. 깊은 내면을 가진 사람들이 줄어든 데에는 스마트폰이 큰 영향을 미쳤다고 해도 과언이 아니다.

그런 의미에서 "스마트폰을 그만둘 것인가, 학생을 그만둘 것인가?"가 아니라 스마트폰을 그만둘 것인가, 인간을 그만둘 것인가?"라고 질문을 던질 상황에까지 이르렀다고 할 수 있다.

우리는
검색하지 않고
살 수 있을까

때로 외로움은 삶의 방패가 된다

인터넷과 SNS가 바꾼 삶의 주기

스마트폰이 널리 보급되면서부터 현대인들은 생활 속에 SNS를 긴밀하게 사용하게 되었고, 정보 검색을 포함해 인터넷과 관련된 행위에 많은 시간을 쓰게 되었다. 2014년에 발표된 'IT의 진화가 초래한 사회 임팩트에 관한 조사연구 보고서'는 현대인들이 스마트폰을 사용하는 데 얼마나 많은 시간을 쓰고 있는지를 보여준다.

이 연구에서 사용된 질문 항목은 미국의 심리학자 킴벌리 영(Kimberly Young)이 정리한 '인터넷 의존척도 20항목'이고, 16세 이상 남녀를 대상으로 온라인 설문조사를 실시했다. 각각의 항목에 자신이 어느 정도 단계에 해당되는지를 평가해 결정하면 된다.

1. 자신이 생각한 시간보다 훨씬 오랫동안 인터넷을 사용했던 적이 있다.
2. 인터넷 때문에 가정 내 역할이니 집인일에 소홀했던 적이 있다.

3. 가족이나 친구보다 인터넷을 먼저 떠올린 적이 있다.
4. 인터넷 이용 시간이나 횟수 때문에 잔소리를 들은 적이 있다.
5. 인터넷으로 새로운 지인을 만든 적이 있다.
6. 인터넷에 머무는 시간이 길어 학교 성적이나 업무 성적이 내려갔다.
7. 인터넷이 공부나 일의 능률에 나쁜 영향을 끼쳤다.
8. 소셜미디어(트위터·인스타그램·페이스북 등)나 메시지를 확인하느라 할 일을 미룬 적이 있다.
9. "인터넷으로 무엇을 하느냐?"라는 질문을 받았을 때 변명하거나 숨기려 한 적이 있다.
10. 일상의 걱정거리에서 벗어나기 위해 인터넷으로 시간을 때운 적이 있다.
11. 자신도 모르게 인터넷을 즐기고 있다가 정신을 차린 적이 있다.
12. 인터넷이 없는 생활은 따분하고 허무하고 외롭고

불안할 거라 생각한 적이 있다.
13. 한창 인터넷을 하는데 누가 방해하면 조급해지거나 화를 내거나 딴청을 한 적이 있다.
14. 밤늦게까지 인터넷을 하느라 수면 시간이 짧아졌다.
15. 인터넷을 하지 않을 때도 인터넷 생각에 멍해지거나 인터넷을 하는 상상을 한 적이 있다.
16. 인터넷을 할 때 "몇 분만 더!"라고 한 적이 있다.
17. 인터넷을 하는 시간이나 빈도를 줄이려고 해도 뜻대로 되지 않은 적이 있다.
18. 인터넷을 하는 시간이나 횟수를 남에게 감추려 한 적이 있다.
19. 사람을 만나기 위해 외출하기보다 인터넷 하는 쪽을 선택한 적이 있다.
20. 인터넷을 할 때는 괜찮지만, 인터넷을 하지 않을 때는 초조해지거나 기분이 우울해진다.

도쿄대학 대학원 정보학 환경연구실의 학생들을 대상으

로 정리한 항목을 일반 직장인에게 맞게 부분적으로 수정했다.

- 자주 있다(4)
- 가끔 있다(3)
- 드물게 있다(2)
- 전혀 없다(1)
- 합계 점수: _____

- 70점 이상: 인터넷 의존 경향도 '강'
- 40~69점: 인터넷 의존 경향도 '중'
- 39점 이하: 인터넷 의존 경향도 '약'

보고서의 조사 결과를 보면 전체 응답자 중 인터넷 의존 경향도가 약한 사람은 45.7%, 중간 정도인 사람은 46.1%, 강한 사람은 8.2%로 나타났다. 인터넷 의존 경향이 강한 사람은 10%가 채 되지 않지만, 16세 이상의 인구수로 환산하면 그 수는 어마어마할 것이다. 중간 정도인 사람까지 포함하면 16세 이상 국민의 절반 이상이 인터넷 의존 경향이 있는 사람(54.3%)이 된다. 그야말로 스마트폰의 위력이 두려워해야 할 만큼 막강해진 것이다.

설문조사에 참여한 사람들에게 '자신이 인터넷에 의존하고 있다고 생각하는가?'라고 물었을 때 '그렇다'고 답한 사람은 30.6% 정도로 나타났다.

이들에게 인터넷 의존 경향이 일상생활에 어떤 영향을 끼치는지를 묻자 '지나친 인터넷 사용으로 운동 부족이 되었다'(34.2%), '일이나 공부, 취미나 운동 시간을 절약하여 인터넷을 한 적이 있다'(32.4%), '항상 단말기를 옆에 두지 않으면 불안하다'(26.9%)는 대답을 들을 수 있었다.

모니터 앞에서 떠날 줄 모르는 사람들

인터넷 의존 경향은 점점 강해시고 있다. 2014년 일본 후생노동성 연구팀에서 발표한 조사 결과를 보면, 인터넷 의존 경향은 남성이 4.5%, 여성이 3.5%로 나타났다. 이 결과를 2012년 일본 전체 인구와 대비해 산출해보면, 남성은 229만 명, 여성은 192만 명에 이른다. 일본 인구 중 421만 명이 인터넷 의존 경향을 보이고 있다.

2008년에 실시된 조사에서 275만 명으로 추산되었던 것과 비교하면 5년 동안 인터넷 의존 경향을 보이는 인구가 1.5배로 급증했음을 알 수 있다. 또한 이러한 의존 경향은 20~30대에서 특히 두드러진다. 연구팀은 인터넷 의존 인구가 급증한 배경으로, 스마트폰의 보급과 SNS나 게임 같은 콘텐츠의 범람을 지적한다.

이 조사에서는 '정신을 차리고 보니 생각보다 오랫동안 인터넷을 하고 있었다', '수면 시간을 줄이면서까지 인터넷을 한다'와 같은 항목에 점수를 주는 방식으로 인터넷 의존 경향의 유무를 진단했다. 그 결과, 인터넷 의존이 강하게 의심될 만큼 병적으로 사용하는 사람들은 남성 69만 명, 여성 51만 명, 총합 120만 명이 넘는 것으로 추산되었다.

후생노동성 연구팀이 2012년도에 중고생을 대상으로 한 조사 결과에 따르면, 인터넷 의존이 강하게 의심될 만큼 병적으로 사용한다고 조사된 학생이 8.1% 정도였다. 당시에 인터넷 의존이 의심된다고 조사된 중장년은 51.8%로 추산되었다.

하지만 2018년 9월에 발표한 조사 결과에서는 인터넷 의존이 강하게 의심될 만큼 병적으로 사용하는 중학생이 12.4%(2012년 6.0%), 고교생이 16.0%(2012년 9.4%)로 조사되어 다소 증가한 것으로 나타났다. 인터넷 의존이 강하게 의심되는 중장년층도 93만 명으로 추정되어 5년 전보다 약 40만 명, 약 80%나 증가했다. 이 데이터만 보더라도 상당히 넓은 연령층에서 급속도로 인터넷 의존도가 증가하고 있음을 알 수 있다. 중장년층을 대상으로 실시한 조사에서는 킴벌리 영의 '인터넷 의존척도 8항목'이 사용되었다. 그 내용은 다음과 같다.

1. 자신이 인터넷에 빠져 있다고 느끼는가.
2. 만족감을 얻기 위해 인터넷을 오랫동안 사용해야 한다고 생각하는가.
3. 사용 시간을 줄이거나 그만하려고 했지만, 마음먹

은 대로 되지 않은 적이 자주 있는가.

4. 인터넷을 더 이상 사용하지 않으려고 할 때 기분이 가라앉거나 초조했던 적이 있는가.
5. 자신이 생각한 것보다 오랫동안 온라인 상태에 머무는가.
6. 인터넷 때문에 중요한 인간관계, 학교, 동아리 활동에 나쁜 영향을 준 적이 있는가.
7. 인터넷에 너무 집중하고 있는 것을 숨기기 위해 가족이나 선생님에게 거짓말을 한 적이 있는가.
8. 짜증이나 불안, 우울함에서 벗어나기 위해 인터넷을 사용하는가.

위의 8개 항목 중에서 5항목 이상에 해당할 경우, 인터넷을 병적으로 사용하는 경우라 할 수 있으며 인터넷 의존도 또한 강하게 의심된다.

인터넷 의존이 시간을 앗아간다

인터넷에 의존하는 행위가 일상생활에서 어떤 형태로 시간을 빼앗아가고 있을까. 2013년, 일본 총무성 정보통신정책연구소는 '청소년의 인터넷 이용과 의존 경향에 관한 조사 결과 보고서'를 발표했다. 이 보고서는 초·중·고교생과 대학생, 직장인(25세까지)을 대상으로 한 온라인 설문조사 결과를 정리한 것으로, 여기에서도 킴벌리 영의 '인터넷 의존 척도 20항목'을 사용했다. 그중 일반 직장인의 인터넷 의존 경향에 관해 살펴보자.

인터넷 의존 경향이 중간 정도인 사람이 37.3%, 인터넷 의존이 강하게 의심되는 사람이 6.2%로 인터넷 의존 경향이 상당히 폭넓게 퍼져 있고 상당수가 인터넷 의존증일 가능성이 있는 것으로 나타났다. '나는 인터넷 의존증이라고 생각한다'고 대답한 사람도 38.9%로 40%에 가까워 고교생이나 대학생과 거의 같은 비율이었다. 일단 인터넷에 의존하기 시작하면 바쁜 직장인이 되어도 좀처럼 벗어나기 어렵다는 것을 알 수 있다.

그렇다면 스마트폰 같은 기기를 빈번하게 사용하고 인터넷에 자주 접속하는 사람들은 인터넷을 하기 위해 어떤 시간을 희생하고 있을까. 조사 결과에 따르면 수면 시간 42.0% 공부 시간 14.6%, 취미 활용 시간 11.8% 순으로 나타났다. 스마트폰이 보급되고 인터넷을 사용하는 시간이 늘어나면서 자기계발이나 다양한 여가 활동을 위한 시간이 오히려 급격히 줄어든 셈이다.

또 인터넷 사용 시간의 변화를 3개월 전과 비교했을 때 예전보다 '늘었다'고 답한 사람(27.7%)이 '줄었다'고 답한 사람(6.2%)보 다 4.5배 가량 많았다. 일상생활의 시간을 빼앗기고 있는 만큼 인터넷 사용 시간 또한 계속해서 늘고 있음을 알 수 있다.

메일을 확인하거나 검색 사이트를 방문하는 식으로 인터넷에 머무는 시간을 조사한 결과, 컴퓨터로 인터넷 사이트를 이용하는 시간은 83.3분, 컴퓨터로 메일을 확인하고 전송하는 시간은 19.3분, 스마트폰이나 피처폰으로 인터넷 사이트를 이용하는 시간은 44.0분, 스마트폰이나 피처폰으로 메일을 확인하고 전송하는 시간은 21.9분으로 나타났다.

스마트폰, 피처폰, 컴퓨터를 구별하지 않고 인터넷을 이용하는 하루 평균 시간을 보면 '인터넷 동영상을 보는 시간'이 43.0분, 소셜 게임을 하는 시간이 12.4분, 소셜 게임 이외의 온라인 게임을 하는 시간이 12.6분으로 나타났다.

이 시간을 합하면 20대 초반은 갓 직장인이 되었어도 하루 평균 2시간가량 인터넷을 이용하고 있음을 알 수 있다. 2013년의 조사 결과인 것을 감안할 때 당시에는 스마트폰보다 컴퓨터로 메일을 보거나 사이트를 이용하는 시간이 훨씬 많았지만, 지금은 스마트폰이 급속도로 보급되어 스마트폰으로 메일이나 사이트를이용하는 시간이 더 늘었을 것이다.

그렇다면 언제 어디서든 때와 장소를 가리지 않고 자유로이 사용할 수 있는 사람들은 스마트폰을 사람들은 주로 언제 사용할까. 일반적인 사람들의 일상생활 속 상황별 하루 평균 이용 시간을 보면 다음과 같다.

- 귀가 후 취침 전까지: 68.1분
- 직장에서: 41.2분

- 퇴근 후 귀가 전까지: 15.1분
- 통근 중: 11.1 분

- 총합계: 135.5분

스마트폰 소유자와 비소유자(피처폰 포함)를 비교하면, 스마트폰 소유자가 비소유자에 비해 인터넷 접속 시간이 1.8배에 달한다고 했다. 그럼 스마트폰을 소유한 사람들은 어떤 시간을 빼앗기게 되었을까.

- 책 읽는 시간: 24.6%
- 신문 보는 시간: 20.1%
- 공부하는 시간: 16.9%
- 수면 시간: 15.4%

생각할 소재나 새로운 관점은 책이나 신문을 통해 얻기도 하는데, 스마트폰으로 인해 그런 기회를 빼앗기고 있는

생각할 소재나 새로운 관점은
책이나 신문을 통해 얻기도 하는데,
스마트폰으로 인해 그런 기회를
빼앗기고 있는 셈이다.
인터넷을 너무 많이 이용하면서
공부하는 시간도 명백히 빼앗기고,
자신의 내면을 닦기 위한
혼자만의 시간도 빼앗기게 되었다.

셈이다. 인터넷을 너무 많이 이용하면서 공부하는 시간도 명백히 빼앗기고, 자신의 내면을 닦기 위한 혼자만의 시간도 빼앗기게 되었다.

댓글이 감정을 지배한다

보이지 않는 관계의 끈

유대 관계를 굉장히 좋아하는 일본인 중에는 스마트폰과 SNS에 의존하느라 혼자 있는 시간을 빼앗긴 사람들이 많다. 실제로 일본인들이 트위터를 사용하는 행태를 보고 있으면 유별나다는 생각이 들 정도다. 트위터 재팬은 2015년 9월에 사업 전략을 발표하면서 일본의 트위터 이용자들이 전 세계적으로 유례가 없을 정도로 트위터를 활용하고 있다고 분석했다.

일본이 주요 시장인 만큼 일본 안에 개발 거점을 두고 이용자의 동향을 참고해 신기능을 공개해나가기로 했다. 트위터 CEO 잭 도시(Jack Dorsey)는 "서비스 개시로부터 약 10년간 일본의 이용자들이 트위터의 성장을 견인해왔다"며 일본 시장의 중요성을 강조했다. 또 트위터 재팬 CEO 사사모토 유(粧本裕)는 말했다.

일본은 '바르스'(바르스[バルス]는 일본의 애니메이션〈천공의 성 라퓨타〉에 나오는 파멸의 주문이다. 천공의 성 라퓨

타가 지상파로 방송될 때 주인공 시타와 파즈가 '바르스'라고 주문을 외우는 순간에 트위터 초당 동시 접속 세계기록을 세웠다고 한다)로 초당 동시 접속자 수에서 전 세계 최고 기록을 세울 만큼 트위터 이용자들이 활발하게 활동하고 있으며 본사로부터 '왜 일본인 이용자가 이렇게 많은가?'라는 질문을 자주 받는다. 보급도나 활용도 등 모든 면에서 세계를 리드하고 있다.

일본인들이 트위터를 자주 사용하는 이유를 설명하면서 통근 시간이 길어서라고 말하는 경우가 많다. 출근과 퇴근을 하는 긴 시간 동안 트위터를 통해 대화를 주고받을 시간이 충분한 데다 익명성을 좋아하는 사람들의 특성상 페이스북보다 부담이 없기 때문이라는 것이다. '남과 이어져있지 않으면 마음이 놓이지 않는' 유대 관계 의존 심리도 일본인이 SNS를 사랑하게 만든 가장 큰 이유라고 할 수 있다.

자신만의 확실한 주장을 내세우는 성향이 없는 대신 남에게 인정받으려고 애쓰는 국민성도 한몫한다. 결국 다른 사람의 평가를 지나치게 신경 쓰고 항상 남이 어떻게 생각할지 신경 쓰는 심리가 SNS 사용도에 반영되어 있다.

동조의 압력에 약한 사람들

남과 다르면 불안해하고 '모두 함께'를 유난히 좋아하는 일본인은 동조 압력에 매우 약하다. 다른 사람이 어떻게 행동하고, 무엇을 하는지를 끊임없이 신경 쓴다.

심리학자 오가와 가츠유키(小川捷之)가 일본인과 미국인이 무엇을 고민하는지에 대해 비교조사한 연구에 따르면, 일본인은 미국인들보다 '남의 시선', '자기 만족', '사람들에게 휘둘리는 것' 등에 대해 고민하는 경향이 훨씬 강했다. 그중에서도 '남의 시선'은 관계 의존을 부추기는 가장 큰 원인이다. 조사 결과에 나타난 항목을 보면 평소 일본인이 다른 사람의 시선에 얼마나 민감한지 알 수 있다.

- 내가 남에게 어떻게 보일지 몹시 궁금하다.

- 남이 나를 어떻게 생각할지 궁금해서 견딜 수 없다.
- 상대가 나를 싫어하는 건 아닐까 걱정된다.
- 상대에게 불쾌감을 준 건 아닌지 상대의 안색을 살핀다.
- 친구들과 대화하다가 나 때문에 분위기가 깨졌다고 느낀 적이 있다.

SNS에 쉽게 빠져드는 것도 다른 사람들을 신경 쓰기 때문이다. 특히 남이 나를 어떻게 생각할지 몹시 궁금해한다. 수시로 SNS에 접속해 다른 사람의 글이나 댓글을 확인하지 않으면 불안해진다. 다른 사람들에게 무시당하는 것도 싫어서 끊임없이 남이 올린 글과 사진에 신경을 쏟고 억지로라도 댓글을 단다.

결국 일본인은 유대 관계를 원하기 때문에 SNS 활동을 하지만, 그로 인해 유대 관계에 얽매여 힘들어한다. 많은 사람들이 유대 관계를 맺기 위해 SNS를 시작하지만, 그 속에 단단히 속박되어 있는 자신을 발견하고는 도망치려 해도 도망칠 수 없는 심리적 상황에 빠져 있다.

누구나 남의 시선을 신경 쓰기 마련이다. 하지만 남의 시선에 얽매여 있으면 한순간도 편안하지 못하다. 스마트폰이 등장하기 전만 하더라도 학교나 직장에서 벗어나면 남의 시선에서 해방되어 자유와 여유를 누릴 수 있었다. 집에 혼자 있을 때 조금 흐트러지기도 하고 혼자서 하고 싶은 것을 마음껏 누릴 수 있었다.

그런데 스마트폰이 등장하고 SNS로 사람들이 빠져들기 시작하면서 언제 어디서든 다른 사람의 눈을 의식할 수밖에 없는 환경이 펼쳐지기 시작했다. 그리고 이제는 너무나 많은 사람들이 SNS로 인해 피로감을 느끼고 있다.

만성 SNS 피로감으로부터 벗어나라

SNS의 세계에서는 팔로우 수로 경쟁하고 '좋아요'에 용기를 얻고 리트윗되면 뿌듯함과 만족감을 느끼며 승인 욕구를 채운다. 사람들은 다른 사람들의 반응에 신경을 쓰며 조금이라도 주목을 받을 수 있는 글을 올리려고 애를 쓴다. 그만큼 무리를 하기 때문에 쉽게 피로감을 느낄 수밖에 없다.

물론 시간도 많이 빼앗긴다. 일상에서는 쉽게 지나칠 수 다나 대화 정도의 글에도 상대의 댓글을 신경 쓰느라 수시로 확인을 해야 한다. 곧바로 댓글이 달리거나 상대로부터 어떤 반응도 나오지 않으면 초조해하기도 한다.

혹시 나쁜 댓글이 달리기라도 하면 침울해지고 기운이 빠져 쉽게 우울감에 빠지는 경우도 있다. 또 상대가 메시지를 읽었는지 늘 신경을 곤두세우고 있다. 메시지를 읽고도 반응이 없으면 자신이 무시당했다는 생각에 또 마음을 진정시키지 못한다.

답장이 몇 분만 늦어도 초조해하는 사람도 마찬가지다. 반대로 그런 심리를 잘 알고 있어서 다른 사람이 올린 글에 즉시 반응해야 한다는 의무감 때문에 금세 피로해진다. 단체 대화방도 수시로 확인해야 한다. 혹시 내 이야기를 하는 것은 아닌지 궁금해 늘 신경을 쓰고 확인을 하지 않으면 다른 일을 하지 못하는 경우도 있다.

다른 사람과 스스로를 비교하기도 한다. 인간은 누구나 자신의 존재감을 타인과 비교해 판단하려는 심리가 있다.

나아가 비교 대상이 된 상대방에게
과민 반응을 보이며 공격적으로 대하기도 하고
혼자서 침울해지기도 한다.
SNS에 올라온 다른 사람들의
자신감 넘치는 글이나 활기찬 모습과
자신의 모습을 비교하며 비참함을 느끼거나
자기혐오에 빠지기도 한다.

이를테면 다른 사람의 일상생활과 자신의 현재 생활을 비교해 진정으로 만족할 만한 삶을 살고 있는지 판단하는 것이다.

나아가 비교 대상이 된 상대방에게 과민 반응을 보이며 공격적으로 대하기도 하고 혼자서 침울해지기도 한다. SNS에 올라온 다른 사람들의 자신감 넘치는 글이나 활기찬 모습과 자신의 모습을 비교하며 비참함을 느끼거나 자기혐오에 빠지기도 한다. SNS에서 경험하게 되는 이런 피로감 때문에 휴일에는 스마트폰의 전원을 꺼둔다는 젊은이도 많다.

닛케이산업지역연구소가 20~34세 남녀를 대상으로 한 조사에 따르면 트위터, 스마트폰 메신저 같은 SNS 서비스나 그와 유사한 앱을 이용하는 5,330명의 사람들 중 SNS 피로감을 느낀다고 답한 사람은 46.4%에 달했다. SNS 이용자의 절반에 가까운 사람들이 SNS 때문에 피로감을 느끼고 있다는 말이다.

피로감의 가장 큰 이유는 '글과 사진의 내용에 신경 써야 한다'(81.1%)는 것이었다. 다음으로 '자신이 올린 글과 사진에 대한 반응이 신경 쓰인다'(75.1%)와 '친구의 글에 답을 해야 할 의무감을 느낀다'(53.8%) 순이었다. 이렇게 상대에게 신경 쓰면서 24시간 이어져 있으니 피로해지는 것도 당연하다.

다른 조사연구를 봐도 상대의 반응을 신경 쓰거나 상대에게 반응해야 한다는 의무감 때문에 부담을 느끼고 있다는 것을 알 수 있다. 또한 자신의 행동이나 기록이 다른 사람들에게 모두 알려지는 것도 스트레스로 여겨지고 있었다.

SNS 세계 속에 빠져 있다 보면 다른 사람들의 생각이나 행동을 알 수 있는 동시에 내 생각과 행동을 다른 사람들이 볼 수 있다는 점에서 숨이 막힐 듯한 기분이 드는 것도 사실이다. 다른 사람들의 행동을 궁금해하면서도 나의 행동에 대해 어떻게 생각할지 걱정을 하니 마음이 편할 리 없다.

SNS로 인해 자신을 솔직하게 드러낼 수 있는 시간도 점점 잃어버리고 있다. '심적 피로에서 벗어나고 싶다', '남의 반응에 신경 쓰지 않고 더 자유롭게 행동하고 싶다', '더욱 나답게 살고 싶다'고 생각하면서도 SNS를 그만둘 각오는 하지 못한다. 동료들과의 네트워크에서 떨어져나가는 게 두렵기 때문이다.

최근에는 SNS 때문에 골머리를 앓는 일도 늘고 있다. 페이스북에서 직장 상사가 친구 신청을 해서 난감해하는 사람들의 이야기를 들어봤을 것이다. 사적인 대화를 상사에게 보이고 싶지는 않지만, 그렇다고 친구 신청을 거절하면 불편해질 수 있기 때문이다.

상사나 동료의 글에 재빨리 반응하지 않으면 마음이 편치 않고, 그런 스트레스 때문에 건강에 이상이 생긴 사람도 있다. 그만큼 SNS로 인한 피로감은 이미 상당히 심각한 지경에 이르렀다.

왜
관계 중독에서
벗어나지 못할까

때로 외로움은 삶의 방패가 된다

고독의 불안감과 무리 짓기의 허무함

SNS 때문에 피로감을 느끼면서도 스마트폰을 잠시도 내려놓지 못하는 사람들이 많다. 그들은 왜 그토록 타인과 이어지려 하는 것일까. 인생의 시간은 영원하지 않다. 과연 얕은 유대 관계에 나의 소중한 시간을 허비할 필요가 있을까. 중요하지 않은 관계에 신경 쓰는 동안 인생의 소중한 시간이 순간순간 날아가버린다.

많은 사람들이 다른 사람과 교제를 하는 과정에서 허무함을 느낄 것이다. 사람들은 원래 고독한 존재이며, 외로움을 떨쳐내기 위해 교제에 몰두하는 경향이 있다.

동시에 무리를 짓는 행위의 허무함에 대해서도 종종 지적되어 왔다. 타인과 교제를 할 때 사람들은 서로 진심을 나누며 관계를 만드는 것이 아니라 자신을 억압하고 상대에게 신경을 써서 무리하게 맞추곤 한다. 그런 식의 만남을 이어가다 보면 자신이 사람들로부터 고립되어 있다는 의미의 고독을 느끼지는 않겠지만, 자신을 잃어버리는 과정에서 정신적 피로가 뒤따른다.

현실 세계에서도 이렇게 무리를 짓는 교제로 인해 피로감을 느끼는데, SNS의 발달로 인해 겉치레뿐인 얕은 유대 관계가 한층 더 늘어났다. 현실 세계와 달리 SNS에서 이루어지는 교제는 혼자 있는 시간까지 훼방하며 피로감을 유발한다.

하지만 그런 관계를 계속 유지하는 것이 옳은지 의심을 하면서도 어렵사리 유지하는 수밖에 없다. 그만큼 많은 사람이 억지로 무리를 짓는 교제에 허무함을 느끼면서도 나 홀로 고립되는 공포를 떨치고자 겉치레뿐인 교제에 푹 빠져 시간을 허비하는 것이다.

일방적인 소통의 한계

트위터, 페이스북, 인스타그램 같은 SNS에서는 글을 올리는 사람이 일방적으로 자신을 드러낼 뿐, 상호 간에 커뮤니케이션이 이루어지기가 어렵다. 이런 특성이 유대 관계 의존 경향을 더욱 강하게 만든다. 물론 상호성이 전혀 없는 것은 아니다. SNS에 올린 사진을 보고 "나도 거기에 간 적 있어요. 그리워요" 같은 공감의 반응도 있을 것이고, "정말 멋진 풍경이에요. 저도 가고 싶어요"라는 칭찬의 반응도 있을 것이다.

하지만 어디까지나 사진을 둘러싼 소소한 반응일 뿐 깊은 대화로 이어지지는 않는다. 대부분 "어디에 갔느냐?", "무엇을 봤느냐?" 같은 간단한 궁금증을 드러내며 자신이 하고 싶은 말만 할 뿐이다. 결국 마음을 나누는 진정한 대화는 이뤄지지 않는다.

태생적으로 SNS는 깊은 대화를 나눌 만한 도구가 아니다. 심지어 '좋아요'라는 반응을 얻고 싶어 애쓰는 모습이 노골적으로 드러나는 글도 적지 않다.

- "대단해요!", "멋져요"라는 글을 달아주세요.
- "좋아요!", "부러워요!"라고 말해주세요.
- "거기 어디예요?"라고 물어봐주세요.

그러면 사람들은 속으로는 성가시게 생각하면서도 상대

방이 기대하고 있을 '좋아요'를 누르고 만다. 서로 말은 하고 있지 않아도 반응을 주고받기를 강요하고 있는 것이다.

SNS와 달리 상호 커뮤니케이션 도구라 할 수 있는 스마트폰 메신저는 조금 상황이 나은 편이다. 단, 전달 사항을 주고받을 목적으로 사용되는 편이다. 물론 친한 친구끼리는 좀 더 깊은 대화를 나누기도 하겠지만, 순간순간 스쳐 지나가는 말풍선 정도의 의미만 가질 뿐, 서로의 생각을 확실히 교류할 수 있는 도구로 활용되지는 않는다.

표면적인 대화에는 편리해도 깊은 관계를 유지하기는 어렵다. 전달 사항만을 공유할 목적으로 스마트폰 메신저를 사용하는 사람들은 메신저로 사적인 대화를 하다 오해를 불러일으켜 분쟁으로 이어진 적도 있다고 한다.

그리고 페이스북, 메신저 등으로 많은 사람과 이어져 있어도, 상당수는 얕은 인간관계에 지나지 않는다. 그런데도 많은 사람이 그 관계에 의존한다. 이것은 매우 위험한 상황이 될 수 있다.

승인 욕구가 앗아간 혼자 있는 시간

2017년 한 해 동안 일본에서 가장 이슈를 끈 유행어로 '인스타용 사진(인스타바에[インスタ映え]: 인스타그램에 잘 나오는 사진을 뜻하는 신조어)'이 뽑혔다. 세상도 변하고 유행도 쉽게 바뀌는 것은 어쩔 수 없지만, 인스타그램에 올리는 사진마저 승인 욕구를 만족시키려는 수단으로 사용하는 사람들의 마음을 읽을 수 있어 왠지 모를 씁쓸함이 느껴지기도 한다.

그들은 지인에게 '좋아요'라는 반응을 얻기 위해 필사적으로 사진을 올린다. 물론 '좋아요'를 많이 받으면 흡족할 테지만, 혹시라도 '좋아요'를 많이 받지 못하면 승인 욕구를 채우지 못해 자존심에 상처를 입고 만다. 그러면 또다시 모두의 눈과 귀를 사로잡을 만한 사진을 찍으려 안간힘을 쓴다. 그런 식으로 SNS에서 관계를 맺고 있는 사람들의 반응을 끊임없이 신경 쓰며 행동하다 보면 혼자 있을 때조차 편안함과 여유를 누릴 수 없게 된다.

자신의 만족스러운 현실을 자랑하기 위한 사진과 글도

눈에 띄지만, 오히려 SNS에 집착하는 모습을 보이는 덕분에 현실에 만족하지 못하고 있는 것으로 비춰지기도 한다. 만약 진정으로 현실 생활에 만족하고 있다면 그것을 자랑하려는 생각 따위는 하지 않을 것이다.

심리학자 에이브러햄 매슬로도 사람들이 욕구를 채우고 나면 더 이상 움직이지 않는다고 주장했다. 실제로는 현실 생활에서 만족을 느끼지 못하고 있으니 일부러라도 자신이 만족하고 있다는 식으로 자랑을 하지 않고는 견디지 못한다는 말이다.

다른 사람들로부터 승인을 얻으려는 욕구 때문에 명품 가방 로고를 슬쩍 드러낸 사진을 올리기도 하고, 심지어 명품 가방을 사느라 돈을 다 써버려서 끼니도 제대로 챙기지 못하는 사람도 있다고 한다. 그렇게라도 명품을 가지고 있다는 것을 자랑해 남들로부터 승인을 받고 싶은 것이다. 또 최고급 레스토랑에서 식사하는 모습을 찍어서 올리기 위해 평소에는 편의점 삼각 김밥으로 끼니를 때우며 절약하는 사람도 있다.

이러한 승인 욕구는 인간관계에도 적지 않은 영향을 준다. '예식장 하객 알바'처럼 많은 친구들로부터 축하를 받는 장면을 연출하기 위한 직업도 등장했다고 하니 참으로 착잡할 따름이다. 친구들에게 축하받는 장면을 찍어서 남들에게 자랑을 하고 싶어도 현실에는 그런 친구가 없는 사람들이 주로 친구 역할을 해줄 사람들을 돈을 주고 하루 동안 고용한다고 한다. 이런 식으로 남에게 어떻게 보일지만 신경 쓰고 살아간다면 '혼자 있는 시간'을 진심으로 즐기기는 어렵지 않을까.

여행의 즐거움을 잃어버리다

여행은 마음을 편안하게 만들어주고 일상에서 잠시 벗어난다는 의미도 갖는다. 평소 마주하던 세계를 벗어나 비일상적 환경을 접하면서 일이나 인간관계에서 오는 스트레스를 떨쳐내는 기회로 활용되기도 한다. 하지만 스마트폰과 SNS로 인해 여행지에서조차 일상의 네트워크에서 해방

될 수 없다면 곤란할 뿐이다.

여행자 중에서는 새로운 곳에 갈 때마다 페이스북이나 인스타그램에 여행지 사진을 올리는 사람도 있다. 나도 예전에 함께 여행을 떠난 친구가 틈만 나면 페이스북에 사진을 올리는 모습을 보면서 그 친구가 여행을 제대로 즐기고 있는 것인지 의아해했던 적이 있다. 또 평소 스마트폰으로 셀카를 찍으면서 항상 구도를 신경 쓰고, 조금이라도 멋진 배경을 담기 위해 온 정성을 다하는 모습을 보면 안타까울 뿐이다.

남에게 어떻게 보일지만 신경 쓰느라 정작 본인은 그 순간을 제대로 즐기지 못하고 있다는 생각마저 든다. 그런 식이라면 어디를 가든 휴식의 의미가 없다는 생각이 든다. 스마트폰과 SNS에 과도하게 접속된 상태에서는 눈앞의 현실에 몰두할 수가 없다. 늘 유대 관계 의존 상태에 있으니 무엇을 해도 집중하지 못하는 심리 상태이기 때문이다.

현실 세계에도 번진 과잉된 분위기 읽기

SNS를 통한 커뮤니케이션에 지나치게 친숙한 사람은 현실 세계에서도 비슷한 감성으로 타인과 관계를 맺으려 한다. 대표적인 예가 바로 '분위기 읽기'라고 불리는 의사소통 방법이다. 분위기를 읽는 커뮤니케이션은 상대를 배려하거나 상대의 의향을 존중하려는 태도를 의미한다.

때에 따라서는 과도하게 상대에게 맞추려는 억압적인 성격을 띠기도 한다. 따라서 서로를 이해하고 공감한다는 면에서는 불필요한 분쟁을 줄이는 방법이지만, 상대방에게 하고 싶은 말을 솔직하게 하지 못해 욕구불만으로 이어질 수 있다.

커뮤니케이션이라는 상호작용 자체가 가진 특성이긴 해도 SNS의 세계에서는 그런 분위기가 더욱 두드러지는 경향이 있다. 특히 SNS는 상대의 모습을 보지 않고 심지어 목소리도 알 수 없는 미디어이기 때문에 상대의 생각을 읽거나 나의 진의가 제대로 전해졌는지 등에 대해 제대로 파

때에 따라서는 과도하게
상대에게 맞추려는 억압적인 성격을 띠기도 한다.
따라서 서로를 이해하고 공감한다는 면에서는
불필요한 분쟁을 줄이는 방법이지만,
상대방에게 하고 싶은 말을 솔직하게 하지 못해
욕구불만으로 이어질 수 있다.

악하기 어렵다.

글을 올린 후에도 자신의 글이 상대방에게 오해를 불러일으키지는 않을지 몇 번이나 다시 검토하고 다시 읽어 오해를 줄이도록 굉장히 신경을 써야만 한다. 상대가 보낸 메시지 또한 상대방의 표정이나 목소리 상태를 알 길이 없으니 어떤 의도인지 파악하기도 어렵고 자신이 어떻게 반응해주기를 바라는지 알 수 없어 오해를 살 수 있다.

심지어 SNS의 세계에서 분위기를 읽는 자세에 익숙해져 있다면, 자칫 현실 세계의 인간관계에서도 본심을 숨기고 상대방의 분위기를 읽는 데에만 치중하는 실수를 범할 수 있다. 요즘은 가까운 친구에게도 좀처럼 속내를 보이기 어려운 경향이 강한데, 이 역시 과잉 유대 관계 시대의 폐해라고 할 수 있다.

과잉 유대 관계에서 벗어나기

지금까지 이야기한 것처럼 우리는 과잉 유대 관계에서 벗어날 필요가 있다. 자신만의 세계에 푹 잠겨 깊은 사고를 할 필요가 있다. 나는 개인주의를 중시하는 서양의 문화를 '자기중심의 문화', 인간관계를 중시하는 동양의 문화를 '관계 중심의 문화'라고 특징지었다.

각각의 문화에는 장단점이 있지만, 관계를 맺고 살아가는 현대인은 유대 관계의 단점을 잘 알고 있으면서도 좀처럼 그것을 거부하지 못한다. 자신의 소중한 시간을 빼앗기면서까지 인터넷, SNS 등의 얕은 유대 관계에 몰두하는 것도 그런 이유 때문이다.

2017년 1월, 프랑스에서는 '연결되지 않을 권리(right to disconnect)'를 법적으로 인정하며 노동개혁법에 포함시켰다. 이제 기업에서도 직원이 업무 관련 메일을 주고 받지 않아도 되는 시간을 확보해주어야 한다. 프랑스 외에도 근무 시간이 아닌 시간에는 메일을 주고받는 것을 제한하는 기업들이 등장하고 있다.

아직 일본에서는 메일이나 전화를 무시하는 것이 불가능에 가깝다. 사적인 유대 관계를 차단하기란 더욱 어렵다.

하지만 과잉 유대 관계로 인해 자신의 세계가 침식당하고 자신을 단련할 시간도 빼앗긴다면 어떻게든 과잉 유대 관계에서 벗어날 방법을 모색해야 한다. 지금부터라도 평소 자신의 생활을 관리하며 혼자만의 시간을 차분히 만들어 보는 것은 어떨까.

4장

혼자 있는
시간의 힘,
고독을 찾아서

잘못된 관계 의존에서 빠져나오기

때로 외로움은 삶의 방패가 된다

지나친 유대 관계는 자신감이 없다는 증거

기술의 발달로 우리는 많은 사람들과 온라인에서 연결될 수 있는 힘을 얻었지만, 인지 능력이 떨어지는 경험을 할 뿐만 아니라 고독으로 얻을 수 있는 혜택마저 누릴 수 없게 되었다. 아무리 '연결'과 '관계'가 중요한 시대라고 해도 SNS의 비약적인 발달로 이토록 유대가 쉬워진다면 유대 자체의 가치가 사라진다.

지금까지 예를 들어 설명한 것처럼 오히려 과잉 유대 관계의 폐해가 더욱 두드러진다. 이를테면, 학교나 직장에서 집으로 돌아와 혼자만의 시간을 여유롭게 누리질 못한다.

텔레비전이나 영화를 보면서도 스마트폰에서 눈을 떼지 못하고, 스마트폰에서 알림이 울릴 때마다 메시지를 확인하고 '좋아요'를 누르고 댓글을 단다. 한동안 알림이 울리지 않으면 아무런 메시지가 없다는 생각에 초조해지기도 한다. 그러니 온전히 영화에 집중하는 시간이 줄어든다.

스마트폰을 사용하기 시작하면서 급격하게 집중력을 잃

었다는 사람이 점점 늘고 있다. 스마트폰이나 SNS가 없던 시절에는 학교나 직장을 벗어나 집에 돌아오면 사람들과의 네트워크에서 해방되는 것이 당연했다. 그리고 나머지 시간을 오롯이 혼자서 보낼 수 있었다. 학교나 직장의 네트워크가 집에 존재할 수 없었다.

하지만 지금은 집에서도 수시로 친구에게 메시지를 받을 수 있고 SNS에 댓글도 달아야 한다. 친구들의 메시지를 무시하자니 다음날 만날 생각에 찜찜해서 어쩔 수 없이 온라인에 접속해야 한다. 또 혹시라도 자신이 놓친 메시지가 있지 않을까 해서 틈만 나면 확인하고 어떻게든 반응해야 한다.

이러한 유대 관계 의존은 SNS에만 국한되지 않는다. 직장에서 불필요한 야근을 하거나, 퇴근길에 동료들과 어울리는 것도 일종의 직장 의존이자 유대 관계 의존의 한 종류라고 할 수 있다. 다른 사람들과 함께 있으면 온갖 시름을 잊으면서, 집에 돌아와 혼자 있으면 초조해지는 이유는 무의식중에 자신과 마주하는 것을 피하려 하기 때문이다.

특히 중고생 시절부터 스마트폰에 익숙한 세대는 하루

종일 스마트폰을 손에서 내려놓지 않는 경우가 더욱 심하다. 스마트폰 때문에 혼자 있어야 할 시간에도 관계에서 벗어나지 못하고 눈앞의 일에 열중할 수도 없다. 독서도 할 수 없고 공부도 할 수 없을뿐더러 영화나 드라마도 제대로 즐길 수 없다.

유대 관계 의존 경향이 강한 사람은 자신만의 신념을 갖고 행동하지 못해 나약해 보이고 언행에 깊이도 없다. 팀의 일원으로 받아들이거나 선뜻 일을 맡기는 것도 꺼리게 된다.
역설적이게도 혼자 있는 시간을 제대로 즐기지 못하는 사람은 다른 사람들과 어울리는 힘을 갖지 못한다. 따라서 이제는 타인과 유대를 맺으려고 노력하기보다 '혼자 있는 힘'을 어떻게 키울 것인지를 고민해야 할 시대다.

혼자만의 시간을 되찾다

실제로 SNS를 끊고 나서 자신만의 세계를 되찾았다는 사

역설적이게도 혼자 있는 시간을
제대로 즐기지 못하는 사람은 다른 사람들과
어울리는 힘을 갖지 못한다.
따라서 이제는 타인과 유대를 맺으려고
노력하기보다 '혼자 있는 힘'을
어떻게 키울 것인지를 고민해야 할 시대다.

람들이 많다. 학생이나 이제 갓 사회에 진출한 사람들과 이야기를 하다 보면 종종 그런 이야기들을 꺼내놓는다. 한 청년은 늘 SNS에 시간을 허비하고 에너지를 낭비하고 있는 자신을 깨닫자마자 SNS를 끊기로 결심했고 한다.

대부분의 사람들이 집에 혼자 있을 때조차 자신에게 메시지가 오지 않았는지 신경 쓰고, 즉시 반응하기 위해 늘 긴장 상태로 지낸다고 한다. 심지어 목욕할 때조차 스마트폰 때문에 신경 쓰인다고 한다. 어떤 일을 해도 즐겁지 않고 어떤 것에도 집중할 수 없는 생활, 아무것도 손에 잡히지 않는 생활에 지친 나머지 과감하게 SNS를 끊었다고 말하는 사람들도 등장하고 있다.

그들은 SNS를 끊자마자 세상이 달라지기 시작했다고 한다. 음식을 먹을 때도 천천히 맛을 음미하며 즐길 수 있게 되었고, 영화를 볼 때도 책을 읽을 때도 집중할 수 있게 되었다는 것이다.

가족을 대하는 태도도 달라져 이전보다 더욱 자세히 가족을 바라보게 되었다고 한다. 그동안 사람들을 건성으로 대했던 자신의 모습을 반성하는 사람들도 있었다. 한 학생은 "SNS를 끊고 정말 좋아졌다. 나 자신을 되찾을 수 있어 하루하루가 신나고 즐겁다"라고 말했다.

만약 자신도 똑같은 고민을 하고 있다면, 스마트폰에 얽매였던 자신의 시간을 되찾기 위해 작은 일부터 시작해나가자. 지하철로 이동하는 동안에는 스마트폰 전원을 끄고 가방이나 주머니에 넣은 후 책을 읽거나 오늘 하루 동안 겪은 일들이나 최근에 가장 고민이었던 일을 돌아보거나 공상에 잠겨보는 것이다.

또 잠이 들기 전에 스마트폰을 만지는 습관이 있었다면, 목욕 후 즐기는 평온한 시간을 스마트폰에 빼앗기지 않게 주의하자. 주말에는 급하게 연락해야 하거나 검색해야 할 일이 생겼을 때를 제외하고는 가급적 스마트폰의 전원을 끄고 눈에 띄지 않는 곳에 둔다.

최근에는 기업들이 나서서 일할 때 집중하고, 스스로 생각하고, 그 생각을 공유할 수 있는 분위기를 조성하기 위해 스마트폰을 사용하지 않으면 장려금을 지급하는 제도를 도입하기도 한다.

산업기계 부품을 개발·제조하는 이와타제작소도 2013년부터 '디지털 프리 장려금'이라는 제도를 시행하고 있다. '회사뿐만 아니라 가정에서도 업무 이외에는 스마트폰을 사용하지 않는다', '휴대전화로 게임을 하지 않는다'는 두 가지 조건을 지킬 경우 매월 5만 원 정도의 장려금을 지급하고 있다.

초기에는 전 사원의 20% 정도가 신청하는 데 그쳤지만, 2년이 지나자 전 사원의 절반 정도가 동참하기에 이르렀다고 한다. 그러자 대부분 스마트폰에만 집중하던 시간에 책이나 신문을 읽는 사람들이 늘고 신문기사나 책을 읽고 각자의 생각을 이야기하는 대화의 시간도 늘어나게 되었다고 한다.

눈앞의 일에 집중하고 공부든 취미든 무언가에 몰두하며 매사에 차분하고 신중하게 생각하는 시간을 당연하게 여기던 시절을 되찾기 위한 노력이 조금씩 우리 주변에서 시작되고 있다. 스마트폰이나 SNS로 인한 유대 관계 의존의 폐해를 깨닫고 잃어버린 시간을 되찾기 위해 작은 것부터 실천해 나갈 필요가 있다.

사람들
사이에 있지 않아도
괜찮다

때로 외로움은 삶의 방패가 된다

자신감과 무리 짓기의 상관관계

친구를 얼마나 많이 사귀는지를 자랑하거나 폭넓은 유대 관계를 내세우는 사람일수록 자신감이 떨어지는 경우가 많다. 심지어 모임에서는 큰소리를 치고 잘난 체하며 기세등등하다가 혼자 남으면 순한 양이 되는 사람도 있다. 자신이 속한 무리의 뒤에 숨어서 자신의 나약함을 숨기려는 것이다.

또 혼자서 활동하는 사람에게 함께할 친구가 없느냐고 물으며 얕보거나 동정하는 사람도 있다. 마음 한편으로는 혼자 행동하는 사람을 위협적으로 느끼기 때문이다. 무리를 짓지 않으면 마음을 놓지 못하는 사람은 자기처럼 무리에 속하려는 사람이 유약하다는 사실을 잘 알고 있다. 혼자 행동하는 사람이 강인하다는 것도 잘 알고 있어서 그들에게 압도당해 그들을 비난하며 무리 지으려 한다.

무리를 지으려는 사람은 자신의 나약함과 마주하는 것이 두려워 외면하려는 경향이 있다. 사람은 누구나 혼자가 되면 자신과 마주해야 하는 순간을 경험한다. 그 순간을 피하기 위해 누군가와 무리를 지으려는 것이다.

동료와 무리를 지으면 자신감이 없어 어딘가에 의존해야 하는 자신과 직면하지 않아도 된다. 그래서 어떻든 무리를 지으려는 것이다. 무리를 짓는 사람일수록 처져 보이고 나약해 보이는 이유는 자신 스스로도 마음 한편에서 자신의 심리 메커니즘을 깨닫고 있기 때문이다.

반면, 세상과 자신에게 당당한 사람 은 자신과 마주하는 것을 두려워하지 않는다. 일부러 애써서 무리를 지을 필요가 없다. 자신을 보호해줄 갑옷 따위는 필요 없다.

혼자일 때 더 현명해지는 이유

집단 심리를 드러내는 현상 중 하나로 '리스키 시프트(risky shift)'라는 것이 있다. 여럿이 함께 생각할 때 혼자 생각하는 것보다 더 위험한 판단이나 선택을 하게 되는 경향을 의미한다. '수술을 하면 움직임이 자유로운 생활을 할 수 있지만 리스크가 따르고, 수술을 하지 않으면 리스크는 없지만 움직임이 불편한 생활을 계속해야 할 때, 어떤 판단을 내릴 것인가?'라는 질문을 한 결과, 여럿이 함께 의견을 나누고 결정하는 쪽에서는 위험 요소가 있어도 결과가 매력적인 선택지를 고르는 경향이 강했다.

신호등에 빨간불이 들어와도 여럿이 함께 건너면 두려움을 크게 느끼지 않는 것과 마찬가지로 사람들은 동료들과 함께 있으면 대범해져서 과감한 판단을 내리거나 대담하게 행동하기 쉽다.

하지만 함께 있을 때에는 대담해진다고 해도 혼자일 때와 비교해보면 눈앞의 상황에는 아무런 차이가 없다. 즉, 혼자 있을 때에는 신중하게 결정을 내리던 문제도 무리 속에 있을 때는 가볍게 행동할 리스크가 높아진다는 의미다.

예를 들어 회의를 위한 프레젠테이션을 혼자 담당하게 되었다고 하자. 보통 대략적인 준비를 마치고 나면 '이 정도로 준비하면 괜찮을까?', '혹시라도 놓친 것은 없을까?' 하고 불안한 마음에 한층 더 용의주도하게 확인을 거듭한다. 하지만 여러 사람이 모여 하나의 그룹으로 준비할 때에는 다소 대범해지는 경향이 있다. '대충 준비는 마쳤고 이 정도면 별일 없겠지!' 하고 낙관적으로 생각해 더 이상의 리허설 없이 실전을 맞이한다.

무리를 지으면 대범해진다는 말은 정신이 해이해진다는 말이기도 하다. 일의 질을 높이려면 무리를 지어 행동하는 것을 지양하거나 의식하지 말아야 한다. 빈틈없는 실력을 쌓으려면 어떤 일이든 필사적으로 매달려야 한다. 사람은 누구나 불안할 때 필사의 각오를 다지게 된다. 그저 낙관적으로 생각하고 무리를 지어 움직일 때에는 필사적으로 행동하기 어렵다. 그렇기 때문에 언제나 무리를 지으려는 사람에게서는 나약함 같은 것이 느껴진다.

때로는 고독에 잠기고 불안을 느끼며 해야 할 일이나 눈앞의 과제에 필사적으로 매달릴 필요가 있다. 계속 무리를 짓고 있다가는 발톱이 무디어지고 만다. 사고력도 단련되지 않고 필사적으로 매달리려는 의지도 사라진다. 반드시 명심하고 얕은 유대 관계에서 벗어나 혼자 있는 시간의 가치를 높여보자.

때로는 고독에 잠기고 불안을 느끼며
해야 할 일이나 눈앞의 과제에 필사적으로
매달릴 필요가 있다. 계속 무리를 짓고 있다가는
발톱이 무디어지고 만다. 사고력도 단련되지 않고
필사적으로 매달리려는 의지도 사라진다.

새롭지 않으면 과감하게 멀리하라

사고력과 창조력을 높여야 일을 잘할 수 있다. 또 모든 문제를 다양한 각도에서 보는 것이 중요하다. 융통성이 없는 사람은 하나의 관점에 사로잡혀 더 중요한 다른 관점을 늘 놓치고 만다. 융통성이 있는 사람은 '이런 견해도 가능하구나!', '이런 관점도 있을 수 있구나!'라고 생각하며 고정관념에 얽매이지 않고 다양한 각도에서 세상을 바라보는 눈을 가지고 있다.

어떻게 하면 새로운 관점을 쉽게 받아들일 수 있을까. 가장 먼저 자신의 내면으로부터 다양한 관점을 길러야 한다. 그러면 다양한 관점은 어떻게 가질 수 있을까.

아마도 타인의 견해를 받아들이는 방식이 가장 손 쉬울 것이다. 이것을 '관점 획득'이라고 부른다. 타인의 관점을 접하고 '이렇게 생각할 수도 있구나!'라고 생각하는 경험을 자주 하다 보면 다양한 관점으로 세상을 바라보는 법을 쉽게 익힐 수 있다. 또 자신과 다른 관점을 가진 사람과의 유대가 중요하다는 사실도 자각하게 될 것이다.

자신과 비슷한 사람끼리 무리를 지으면 편안하게 지낼 수는 있어도 새로운 관점을 받아들이기는 어렵다. 사물을 보는 관점이 자신과 다른 사람, 사고방식이나 감성이 다른 사람과의 유대를 가질 때 자신에게 없던 새로운 관점을 받아들일 수 있다.

그렇게 시야를 넓히고 사고가 깊어지면 창조력도 함께 높아진다. 반면 자신과 다른 상대를 경계하고 비슷한 사람끼리 뭉치려고만 하는 경향이 강하면 사고력도 창조력도 단련시키기 어렵다. 자신과 다른 상대를 두려워하지 않고 자신이 갖지 못한 부분을 배운다는 마음가짐 없이는 성장도 없다.

자기와 다른 상대는 새로운 관점을 부여해주는 존재다. 자신에게 없는 관점을 받아들이는 것이 얼마나 중요한 일인지 절대로 잊어서는 안 된다. 물론 잘 알지 못하는 사람이나 자신과 전혀 다른 유형의 상대와 유대를 맺기란 어려운 일이다.

그럴 때는 독서가 도움이 된다. 하지만 지금까지 본 것처럼 인터넷 환경과 스마트폰이 등장하면서 독서 습관에도 많은 영향을 주고 있다. 책을 읽지 않는 사람이 점점 더 많아지는 것은 위기 상황이라 할 수 있다. 좋은 방향이든 싫은 방향이든 다양화하는 세상에 대한 다른 관점들을 가질 수 있는 기회를 놓치기 때문이다.

책을 읽으면 저자가 말하고자 하는 바를 이해하기 위해 저자의 관점으로 바라보게 되고, 그런 과정을 통해 새로운 관점을 배울 수 있다. 독서의 중요성을 강조하는 이유는 이처럼 단순히 지식이나 교양을 쌓는 차원을 넘어 새로운 관점을 받아들이고 시야를 넓힐 수 있기 때문이다.

무리를 짓는 일에만 매달리지 말고 자신의 시간 중 일부를 자신과 전혀 다른 상대와 유대를 맺거나 독서를 하는데 써보는 것은 어떨까.

혼자 있음의 즐거움을 누린다

친구 수가 많으면 안심될까

사람들은 타인과 이어져 있으면 피곤하다고 말하면서도 끊임없이 타인과 함께 있으려 하고 혼자 있으면 초조해한다. 유대 관계 의존의 전형적인 예다. 얕은 유대 관계는 마음으로 이어진 것이 아니어서 혼자가 되면 늘 불안함에 휩싸인다. 또 서로 가벼운 농담을 주고받는 정도로 이어질 뿐, 서로의 진짜 고민을 공유하는 것은 불가능하다.

껍데기에 불과한 유대 관계를 아무리 맺어도 마음으로 이어진 관계가 아니라면 혼자 남겨졌을 때 외톨이가 된 것 같은 초조함이 다시 찾아올 뿐이다. 그러면 초조함을 달래기 위해 또다시 다른 사람을 찾아 함께하려 하거나 SNS 세계로 들어가 사람들과 이어지려 한다.

더구나 얕은 관계의 수로 경쟁하는 것은 어리석은 행동일 뿐이다. 아무리 많은 사람을 알고 있어도 마음으로 이어져 있지 않기 때문이다. 사교 모임에서 명함 교환을 하고 잠깐 이야기를 나눈 정도로는 상대방이 어려움에 처했을 때 발 벗고 도와주기가 어렵다. 정말 오래된 친구를 위해서

라거나 신세를 갚기 위해서가 아니라면 잘 모르는 사람을 위해 그렇게까지 도움을 주려는 사람은 없다.

술자리에서 농담이나 주고받으며 여가 시간을 함께 보내는 정도로 사귀는 사람을 중요한 거래처에 소개해주려는 사람이 있을까. 사람을 잘못 소개하면 거래처와의 관계마저 삐끗할 위험이 있다. 하물며 어떠한 인성을 지녔는지도 모르고 어떠한 능력이 있는지 알 수 없는 사람을 소개하는 위험을 떠안을 리가 없다.

유대 관계를 늘리는 데에만 신경 쓰는 사람은 자신의 주변 사람들이 자신을 어떻게 생각하는지에 대해 쉽게 착각할 수 있다. 그런 사람과의 의미 없는 유대 관계는 되도록 맺지 않는 것이 좋다. SNS의 등장으로 관계 맺기가 밥 먹기만큼 쉬워진 사회에서는 관계를 늘리기보다 꼭 필요한 소수의 관계로 압축할 필요가 있다.

간혹 수첩이 일정으로 꽉 차 있지 않으면 초조해하는 사람이 있다. 그런 수첩을 보면서 자신이 그만큼 바쁘고 유능한 사람이라는 증거로 생각하는 듯하다. 하지만 그런 사람들일수록 마음에는 불안이 가득하다. 혼자 있는 시간을 불안해하며 견디지도 못한다. 어떻게든 혼자가 되는 상황을 만들지 않으려고 애쓴다. 이래서는 자신에게 충실한 생활을 손에 넣을 수 없다.

고독은 두려움이 아니다

혼자 있는 것을 즐기는 사람을 보고 이상하다거나 청승맞다고 생각하는 사람들이 종종 있다. 오히려 그런 사람들은 점심시간에 함께 밥 먹을 상대방을 찾지 못하면 불안감을 느낀다. 사원 식당에 가든 외부 식당에 가든 항상 누군가와 함께 움직이려고 한다. 늘 함께 있는 사람이 휴가를 가거나 외근을 나가면 다른 부서 사람이라도 불러서 말을 걸고 어떻게든 혼자가 되지 않으려 애쓴다. 이런 행동의 원인은 어린 시절부터 각인된 것이다.

최근에 대학생들 사이에서 '화장실 혼밥'이 화제가 된 적이 있다. 혼자 학생식당에서 밥을 먹는 것은 청승맞아 보이고 자신이 친구도 없는 성격 장애로 보일까 봐 식당을 찾지 않는 학생들이 늘고 있다고 한다. 자신이 혼자 밥 먹는 것을 들키고 싶지 않아 도시락을 사다가 화장실에서 먹는 것이 화장실 혼밥이다.

학교 괴담 같은 일이 정말 현실에서 일어나고 있는지 의문이 든다. 만약 그것이 사실이라면 젊은이들 사이에서 혼자는 청승맞다는 가치관이 퍼진 것이 분명하다는 말이 된다.

실제로 내가 상담을 했던 몇몇 젊은이들은 강의실에 같이 갈 친구가 없고 밥을 같이 먹으러 갈 친구가 없어서 아예 등교하지 않는 경우도 있다고 한다. 심지어 친구가 없는 학생들과 함께 점심을 먹어주는 상담사를 고용한 학교도 있을 정도다.

우리가 주목해야 할 것은 혼자는 청승맞다는 가치관을 SNS가 조장한다는 점이다. 새로운 학기가 시작되면 입학하기 전에 같은 학교 합격자들끼리 SNS로 인맥을 맺어 입학식이 있는 날 학교 근처 역에서 만나 함께 등교하는 경우도 있다고 한다. 입학식에 혼자 가는 것이 청승맞아 보인다는 생각 때문이다. 첫 등교일부터 혼자 학교에 가면 친구가 없는 사람처럼 보이고, 혼자 다니면 주변에서 이상한 시선으로 본다는 분위기가 캠퍼스 내에 만연한 듯하다.

회사에서도 마찬가지다. 입사 전부터 합격자들끼리 SNS로 인맥을 맺어 입사식이 있는 날에 회사 근처 역에서 만나 함께 첫 출근을 하는 풍경을 자주 본다.

그들에게는 혼자 고립되면 안 된다는 공포감이 있다. 혼자는 청승맞다는 생각 때문에 처음부터 무리에 들지 못하면 큰일이 나기라도 할 것처럼 필사적으로 친구를 만들고 유대 관계를 맺으려 한다. 이상하리만치 친구에게서 떨어져 고립되는 것을 두려워한다. 한마디로 고립의 공포에 위협당하고 있는 것이다.

하지만 그렇게 필사적으로 얻은 친구와의 유대 관계에 만족하는 것도 아니다. 각별한 유대 관계가 아닌 이상, 웬만해선 신뢰 관계를 구축하기 어렵기 때문이다. 일상생활 속에서 유대를 맺으며 마음에 들거나 들지 않는 상대, 특히 가치관이 비슷하거나 다른 상대 등을 고려해 선택한 친구가 아니라 '일단 관계를 맺고 보자'는 식으로 맺은 얕은 우정이기 때문에 마음을 터놓는 친한 친구가 되기는 어렵다.

그래서 그들과의 관계를 계속 신경 쓸 수밖에 없다. 함께 있어도 속미음을 드러내지 않고 그때그때 분위기만 맞추는 커뮤니케이션을 이어나가기 쉽다. 혹시라도 SNS에서 반응이 없으면 '내가 기분 상할 행동이나 말을 한 건 아닐까?', '나한테 섭섭한 게 있나?'라고 불안해하며 상대와의 유대가 끊어질까 봐 온 신경을 곤두세우기도 한다. 이렇게 피곤하고 성가시지만, 고립을 피하려면 어쩔 수 없다.

대체 이런 관계에 무슨 의미가 있을까? 이런 관계를 유지하기 위해 막대한 시간과 노력을 허비할 필요가 있을까. 이런 가치관을 바꾸지 않는 한, 고독의 진정한 가치를 느낄 수 없다.

먼저 의식을 바꿔야 한다. 무리 짓는 사람의 의존적이고 나약한 이미지와 혼자 있는 사람의 자립적이고 늠름한 이미지를 떠올리며, 혼자 있는 시간의 가치를 재확인함으로써 혼자는 청승맞다는 가치관이 잘못되었음을 스스로 깨우치자.

혼 자 가 청 승 맞 다 고 ?

무리를 짓는 행동의 폐해를 확실히 알게 되면 혼자는 청승맞다는 가치관도 조금 흔들릴 가능성이 있다. 오히려 무리 짓는 사람이 나약하고 의지할 곳 없는 것처럼 보일지도 모른다.

무엇보다 혼자는 청승맞다는 사고방식에서 벗어나 오히려 무리 짓는 사람이 청승맞다는 쪽으로 의식을 전환할 필요가 있다. 별다른 생각 없이 사람들과 무리 지어 행동하는 사람도 마음 한편에는 마냥 이렇게 몰려다니면서 시간을 낭비하고 싶지 않다는 생각을 갖고 있을지 모른다.

나는 예전처럼 고독의 가치를 깨닫는 사람이 많이 등장할 수 있는 분위기를 만들고 싶다. 혼자 있지 않으려는 사람들의 속마음은 사실 자신감이 부족한 경우가 대부분이다. 성장의 발목을 잡는 것은 혼자 있는 상태가 아니라 고독을 견딜 수 없는 나약함에 있다.

일을 잘하는 사람은 혼자 행동하는 데에도 거리낌이 없

혼자 있지 않으려는 사람들의 속마음은
사실 자신감이 부족한 경우가 대부분이다.
성장의 발목을 잡는 것은 혼자 있는 상태가 아니라
고독을 견딜 수 없는 나약함에 있다.

고, 혼자 있는 시간도 의미 있게 보낼 줄 안다. 혼자 행동하는 사람은 청승맞은 게 아니라 오히려 멋지게 사는 법을 아는 사람이다. 혼자 있는 시간을 즐길 줄 알면 사고를 한층 더 깊게 할 수 있어 성장으로 이어진다. 혼자 있는 시간의 장점들을 발판으로 삼을 수 있도록 고독에 대한 의식을 바꿔나가자.

혼자만의 시간을 즐긴다는 것

유아의 애착 발달, 즉 부모와 자녀 사이에 유대를 형성하는 데 있어서도 '안심하고 혼자 활동할 수 있는가?'를 중요하게 생각한다. 실질적 양육자인 엄마와의 애착 관계가 확실하면, 전혀 낯선 실험실에 자녀를 데려다두어도 혼자 장난감을 갖고 놀거나 실험실을 두리번거리며 흥미진진하게 시간을 보낼 수 있다. 엄마와 자녀 사이에 애착의 끈이 있으면 엄마가 가까이 있는 것만으로 안심하고 혼자 놀이에 열중하거나 탐색 활동을 할 수 있다.

애착의 끈이 없으면 같은 방에 엄마가 있어도 불안해서 계속 엄마에게 들러붙으려 하고 혼자서 놀이에 열중하거나 탐색 행동 같은 것은 할 수 없다. 이러한 심리학 실험 결과를 바탕으로 생각하면, 마음속에 애착 관계가 형성되어 있으면 혼자 있어도 괜찮고, 혼자 있을 수 있는 것은 성장의 증거라고 할 수 있다. 물론 끈이 될 만한 신뢰 관계를 구축하는 것이 먼저다.

영국의 소아과 의사이자 정신분석가인 도널드 위니컷(Donald W. Winnicott)도 누군가의 곁에서 혼자가 될 수 있는 능력을 중시했다. 자신을 지켜주는 사람이 있으니 안심하고 혼자 즐길 수 있음을 아는 능력을 가져야 한다. 또 애착의 대상이 마음속에 자리 잡으면 그 인물이 옆에 없더라도 안심하고 혼자 즐길 수 있다. 마음이 통하는 상대가 있다는 생각에 잠시 떨어져 있어도 아무런 불안을 느끼지 않고 혼자 있을 수 있기 때문이다.

마음을 나누며 깊이 사귈 수 있는 친밀한 상대의 존재는 그만큼 중요하다. 신경만 쓰이고 속마음을 조금도 드러낼 수 없는 상대라면 아무리 그 수가 많아도 소용없다. 거리낌 없이 대하고 마음을 터놓을 수 있는 상대가 있다면, 고독을 두려워하지 않고 혼자 있는 시간을 의미 있게 보낼 수 있다.

마음속까지 안심할 수 있는 친밀한 관계를 구축하려면 자기를 개방하는 '자기 개시'를 할 용기, 즉 속마음을 드러낼 용기가 필요하다. 인기를 끌기 위해 우스갯소리로 분위기를 아무리 띄워도 친밀한 관계는 구축할 수 없다. '자기 개시'에는 언제나 불안이 따르기 마련이다. 상대가 전혀 자신의 마음을 알아주지 않는다는 생각에 상처받을 수도 있다.

하지만 과감하게 '자기 개시'를 하면 호의적인 반응이 돌아온다. 상대도 '자기 개시'를 하여 관계가 깊어지는 계기가 되기도 한다. 혼자 있는 시간이 성장으로 이어지고 제아무리 중요하다고 해도, 의지가 될 만한 상대가 없으면 안심하고 그 시간을 누릴 수 없다. 우리에겐 과감한 자기 개시가 필요하다.

무 리 짓 지 않 을 용 기

인생의 시간은 무한하지 않다. 누구나 매 순간 자기다운 삶을 충실하게 살기 위해 노력한다. 그런 염원을 방해하는 것이 바로 타인과 이어져 있지 않으면 불안해하는 심리다. 타인과 떨어져 있다고 불안해하며 무리한 관계를 만들어도 좋은 일은 생기지 않는다.

진정한 유대 관계란 계속 이어져 있지 않아도 관계를 유지할 수 있는 것을 의미한다. 비록 서로 바빠 자주 만나지 못해도 만나면 늘 함께였던 것처럼 아무런 부담 없이 솔직하게 터놓을 수 있는 관계, 만나자고 제안해도 자신이 바쁘면 언제라도 거리낌 없이 거절할 수 있는 관계, 상대방의 기분과 조건에 억지로 맞추려 하지 않고 물 흐르듯 자연스럽게 흘러가는 관계. 그런 관계야말로 의미 있는 유대 관계다.

간혹 누군가와 계속 이어져 있으면서 자신을 잃어버리는 사람이 있다. 상대의 반응을 살피느라 정작 자신과 진지하게 마주할 마음의 여유 따위는 그들에게 없다. 결국 점점 자신을 잃어가는 그런 사람들이 있다.

"좀처럼 마음이 채워지지 않는 이 느낌. 그런데 뭐가 부족한지 모르겠다."
"무엇이든 하고 싶은데 대체 뭘 하고 싶은지 모르겠다."
"왠지 초조한 기분이 드는데 이유를 전혀 모르겠다."
"항상 안달복달하다가 하루가 간다. 왜 그럴까?"

만약 자신이 이런 상태에 빠져 있다면, 이른바 자아가 흩어진 상태이니 조심해야 한다. 이 상태에 빠지게 되면 이미 자기 자신을 잘 모르게 된 것이다. 이때는 불필요한 유대 관계를 정리할 용기가 필요하다. 무리하게 이어진 관계를 붙잡고 매달리는 것은 어리석은 일이다. 자신의 귀중한 시간을 헛되이 낭비할 뿐이다. 그런 관계를 유지한다고 해도 전혀 얻을 게 없을뿐더러 유사시에 아무런 도움도 받지 못한다.

자신과 마주하는 시간을 갖고 자아를 되찾자. 불필요한 유대 관계에 휘둘려 시간과 에너지를 허비하지 말고 어리석은 시간에서 해방되자. 불필요한 유대 관계를 버릴 용기를 갖자.

고독이
우리를
성장케 하라

마 음 의   소 리 를   찾 아 서

미국의 심리학자 클라크 무스타카스(Clark E. Moustakas)는 창조적 에너지와 고독의 관계에 대해 다음과 같이 말했다.

> 창조적 에너지는 한 번 통제를 받으면 고갈된다는 것을 어른들은 경험으로 알고 있다. 그런데도 그렇게 할 수밖에 없는 어른이란, 슬픈 존재다. 창조적 에너지는 통제를 받으면 아지랑이가 끼어 뿌얘지고 쇠퇴하고 정체하고 마침내 힘이 다해 스스로 나아갈 방향을 잃고 그 존재조차 느낄 수 없게 된다.
> ―클라크 무스타카스, 《사랑과 고독》

의식적 통제로부터 자유로워지려면 현실과 거리를 두고 혼자가 되어 자신의 세계로 빠져들 필요가 있다. 만약 바쁘다고 핑계를 대며 현실 감각에서 벗어날 시간을 갖지 않는 사람이라면, 현실의 속박에서 벗어나 자유로워질 시간을 갖는 것이 얼마나 중요한지 다시금 생각해봐야 한다.

창조적이고 마음이 풍요로운 생활을 보내려면, 세상의 소란함으로부터 거리를 둘 필요가 있다. 또한 자신이 나아갈 방향을 몰라 머뭇거릴 때에도 마음에서 들려오는 소리에 귀를 기울여야 한다. 이러한 모든 것들은 혼자 있을 때 가능하다.

하나의 일을 모든 방향에서 이해하거나 자신과 타인에 대해 깊은 진실을 살짝 엿볼 수 있게 되려면, 혼자가 되어 진정한 자신을 알기 위해 솔직하게 말을 걸거나 명상을 하는 것이 필요하다.

…

스스로 진지하게 나아갈 길은 무리하게 서둘러 구하려고 해서는 안 된다. 새로운 깨달음과 장래 활동을 위한 지침을 얻을 수 있는 자신과의 대화는 오로지 그쪽에서 찾아온다. 이를테면 자연 속에서 침묵에 잠겨 정적에 몸을 맡기고 있을 때, 또는 음악에 귀 기울이고 있을 때, 또는 리듬에 자유롭게 몸을 맡기고 있을 때처럼 육체가 해방되었을 때 우리 곁에 슬쩍 찾아온다. 앞으로 자신이 나아갈 방향이나 활동에 대한 지침은 자신과의 대화를 거쳐야 비로소 명확해진다.

—클라크 무스타카스, 《사랑과 고독》

누군가와 함께 있을 때에는 눈앞의 사람에게 신경 쓰느라 자신의 활동에 열중할 수 없다. SNS로 이어져 있을 때도 마찬가지다. 항상 다른 사람들의 생각을 읽으려 하고 눈치를 보느라 스스로 생각하는 습관을 잃게 된다. 끊임없이 눈앞의 자극에만 반응하느라 진지하게 생각할 여유도 잃는다.

창조력은 혼자 있을 때 가장 왕성하게 발휘된다. 언제나 달라지지 않는 원칙이다. 주변과 단절된 상황에 처해야 비로소 사고 활동에 더욱 열중할 수 있다. 만약 자신이 유대 관계 의존에 쉽게 빠지는 유형의 사람이라면 혼자 있는 시간의 힘을 깨달아야 한다. 자신과 마주하는 고독의 시간에 진정한 깨달음을 얻을 수 있다.

이유를 알 수 없는 초조함의 정체, 매일 반복되는 허무한 일상, 언제나 무리하는 자신의 모습, 평소 지나치기 쉬운 것들, 어딘가에 내버려둔 소중한 것들을 바로 고독의 시간에 마주할 수 있다. 자신의 내면에서 들려오는 소리에 집중하지 않고서는 그런 것들을 알지 못한 채 살아가게 된다.

일부러 만드는 지루함

타인과 관계를 맺고 내게 필요한 정보들에 늘 접속할 수 있도록 내 일상생활을 유지하는 것은 분명 필요한 일이다. 하지만 아무리 그렇다고 해도 지금 우리가 누리고 있는 현대 사회는 과잉 접속의 시대라고밖에 볼 수 없다. 매 순간 날아드는 메시지와 정보 등의 외부 자극에 반응하다 보면 하루가 금세 지나가버리는 경우가 비일비재하다. 수동적인 방식으로 살아가면 절대로 창조적인 활동을 할 수 없다.

과감하게 외부와의 접속을 끊고 바깥으로부터의 자극을 최소한으로 줄인 채 스스로 자극을 만들 필요가 있다. 이때 바로 자기 내면으로부터의 자극이 필요하다. 예를 들어 독서를 하면서 글쓴이의 생각이나 표현에 자극을 받아 마

이유를 알 수 없는 초조함의 정체,
매일 반복되는 허무한 일상,
언제나 무리하는 자신의 모습,
평소 지나치기 쉬운 것들,
어딘가에 내버려둔 소중한 것들을
바로 고독의 시간에 마주할 수 있다.

음속으로 다양한 생각들을 떠올리는 경우가 있다.

특히 우리의 사고는 말이라는 수단에 의해 크게 좌우되므로, 마음속에서 다양한 말들을 떠올림으로써 사고를 활성화할 수 있다. 모든 외부 자극을 차단할 필요는 없다. 외부 자극에 지나치게 길들여져 있는 사람에게서 스마트폰이나 컴퓨터를 빼앗아버리면 한동안 어쩔 줄 몰라 하며 자극이 사라진 시간을 권태로워한다.

그런데 간혹 어떤 사람들은 자극이 없는 권태로운 시간을 이겨내기 위해 블로그를 시작하면서 극복해내기도 한다. 또 어떤 사람은 늘 바쁘게 일하는 바람에 휴일에는 아무것도 하지 않다가, 그 시간이 너무 권태로운 나머지 스포츠 센터를 다니기 시작하고서 하루하루 즐거움을 되찾았다고 한다.

자신에게 맞는 방법을 찾았다면 이렇게 시간을 보내는 것도 괜찮다. 하지만 외부 자극에만 반응하는 수동적인 생활에서 벗어나려면, 외부 자극을 최소한으로 줄이고 의도적으로 지루함에 몸을 맡겨보는 방법도 괜찮다.

캘거리 대학교의 서양고전학 교수 피터 투이(Peter Toohey)는 '권태는 적응하려는 인간의 감정'이라는 관점을 제시하고 있다.

> 생활 습관을 바꾸지 않으면 건강이 더 나빠진다는 신호로 통풍이나 협심증이 찾아오는 것처럼, 권태도 그와 같은 신호로 생각해야 한다.
> 권태는 치유를 필요로 하지 않는다. 이게 내가 말하고 싶은 요점이다. 모든 적응적 정서와 마찬가지로, 권태도 그 나름의 역할이 있다. 그러므로 권태를 '치유하는 최선의 방법'은 권태가 들려주는 충고를 받아들이고 권태가 일으키는 상황으로부터 하루빨리 벗어나는 것이다. 그러니 권태가 주는 충고에 귀를 기울이자.
> ―피터 투이,《권태, 그 창조적인 역사》

권태로운 상황에서 벗어나려고 접속을 끊은 상황에서 다시 과잉 접속 상황으로 돌아온다면 의미가 없다. 권태로운 상황을 건설적인 방향으로 살리는 것이 중요하다. 그런 관점에서 본다면, 투이의 다음과 같은 지적도 많은 점을 시사한다.

> 권태는 이따금 지적으로 진부한 견해와 개념에 대해 불만족을 일으킨다. 따라서 창조성을 북돋을 수 있다. 즉, 사상가와 예술가들이 지금까지 널리 인정되어온 것에 대해 의문을 제기하고 변화를 모색할 수 있다. 취학 아동의 경우도 마찬가지다. 테레사 벨튼과 에스더 프리야드하쉬니의 〈권태와 학교 교육(Boredom and Schooling)〉이라는 논문에 따르면, 권태는 비판적이고 사색적인 측면이 있는데, 이는 (학생들의) 창조성을 북돋는 강력한 자극이 될 수 있다고 한다. 또 (교실에서) 어느 정도 권태를 느끼면 숙고와 공상을 하고 대안을 상상할 수 있기 때문에, 종전보다 새로워진 마음으로 학급 활동에 임할 수 있다고 한다.
> ─피터 투이, 《권태, 그 창조적인 역사》

요즘은 사람들을 자극하는 다양한 환경이 갖춰져 지루

함을 느낄 틈이 없다. 가끔씩 자극을 차단하고 지루함을 견딜 수 없는 상황을 의도적으로 만들어보는 것도 좋다. 한동안 그런 상황에 푹 빠져 있으면 내면으로부터 무언가가 북받쳐 올라올 것이다. 모든 자극으로부터 멀어지는 훈련을 통해 수동적이고 반사적인 생활에서 주체적이고 창조적인 생활로 전환하는 계기를 만들 수 있다.

마음의 공백은 상상력을 자극한다

"자신의 머리로 생각하자", "자기다운 발상을 하자" 지금까지 이런 말을 수없이 많이 들어왔을 것이다. 과연 어떻게 하는 것이 자신의 머리로 생각하고 자기다운 발상을 하는 것일까. 우선 자기다운 발상은 자신의 내면에서부터 저절로 북받쳐 오르는 생각을 의미한다. 이런 생각들은 대부분 별다른 할 일이 없는 지루한 순간에 떠오른다. 공백의 시간을 메우기 위해 상상력이 샘솟는 것이다.

하지만 외부 자극에만 반응하게 되면 생각할 틈이 없어

지고 상상력을 고갈시켜 창조력이 부족해진다. 수시로 게임을 하거나 친구의 SNS에 댓글을 다는 일에만 집중하는 것처럼 외부 자극에만 즉시 반응하도록 마음을 준비하고 있는 상태에서는 마음의 공백이 사라진다. 또 해야 할 일이 뜻대로 되지 않을 때에도 상상력을 발휘할 틈이 없다.

따라서 외부 자극에 습관적으로 즉시 반응하려는 마음에 주의해야 한다. 무엇보다 아무것도 하지 않아도 되는 시간을 갖는 것이 중요하다. 아무것도 하지 않는 것이 아니라, 무언가를 해야 하는 상황으로 내몰리지 않고 무엇을 할지 스스로 자유롭게 결정할 수 있는 시간이 필요하다. 자극에 반응하지 않고 스스로 자극을 만들어내는 습관을 갖도록 의식하자.

디지털 디톡스

과잉 유대 관계 상태인 일상에 피로를 느끼는 사람, 집중력 저하와 창조력 고갈의 위기를 느끼는 사람이 늘어난 탓인지 '디지털 디톡스'라는 키워드가 유행하고 있다. 디지털 디톡스란 스마트폰이나 컴퓨터 같은 디지털 기기를 일정 기간 내려놓고 현실 세계와의 생생한 접점을 되찾고자 하는 시도다.

요즘 사람들은 디지털 기기 때문에 끊임없이 타인이나 정보에 노출되어 집중력이 떨어지고 사고 정지 상태에 빠질 뿐 아니라 쉽게 초조해지고 수면 장애를 경험하거나 인간관계가 얕아지는 등의 문제를 겪고 있다. 따라서 그런 증상들을 초래하는 디지털 기기로부터 자신을 해방시켜 잃었던 자유를 되찾는 것이 디지털 디톡스의 목표다.

디지털 디톡스를 시도해보는 사람들은 대부분 스마트폰이나 컴퓨터로부터 떨어져 살면 큰일이라도 날 것처럼 생각했던 사람들이다. 물론 그들도 디지털 기기로 인한 과잉 유대 관계의 문제를 인식하고 있다. 하지만 스마트폰이나 컴퓨터를 완전히 내려놓는 것이 정말 어렵다고 말한다.

그럴 때에는 정말 필요할 때만 사용하면 된다. 이를테면 휴식 시간에는 스마트폰 전원을 끄고 컴퓨터도 켜지 않는 것이다. 잠자리에 들어서도 스마트폰을 만지느라 잠을 설치고, 여유롭게 목욕할 시간에도 계속해서 메신저나 페이스북 메시지가 날아들어 일일이 반응해야 한다면 모처럼의 휴식 시간이 엉망이 되고 만다.

휴일에도 평소와 다름없는 과잉 유대 관계 상태로 있을 필요는 없다. 업무 때문에 만나야 할 인간관계도, 업무에 활용할 정보 검색도 필요 없으니 접속을 끊어도 전혀 문제되지 않는다. 그러니 휴일에는 아예 스마트폰을 꺼두거나 컴퓨터를 켜지 않는 것도 하나의 방법이다.

간혹 일상생활과 떨어져 있기 위한 공간인 여행지에서조차 스마트폰을 손에서 내려놓지 못하는 사람이 있다. 일상을 벗어나기 위해 떠난 여행지에서 다시 일상의 굴레로 손을 뻗어야 하는 이유가 있을까. 여행 중에는 과감하게 스마트폰의 전원을 꺼두자.

세상을 뒤집은 내성적인 사람들의 힘

혼자 있는 시간의 힘과 함께 강조하고자 하는 것이 '내성적인 자세'의 가치다. 어린 시절에 말수가 매우 적은 소년이었던 아인슈타인은 늘 시끌벅적하게 몰려다니는 친구들의 무리에서 혼자 떨어져 나와 공상에 빠지는 일이 많았다고 한다.

현실 세계로 향하는 에너지를 절약하고, 내면 세계에 빠져들어 사색에 잠김으로써 위대한 과학적 업적을 이룬 에디슨은 초등학생 시절에 수업 진도를 따라가지 못했다고 알려져 있다.

에디슨은 교사에게 무시당한 것을 계기로 등교를 하지 않고 집에서 자기가 하고 싶은 공부를 했다고 한다. 모든 문제를 골똘하게 생각하는 유형이었던 에디슨에게는 모두의 수준에 맞춰 학습하는 스타일이 맞지 않았던 것이다. 그 덕분에 에디슨은 독창적 발명을 할 수 있었다.

과학자나 발명가인 아인슈타인이나 에디슨뿐만 아니라 철학자인 니체, 심리학자인 융, 일본을 대표하는 작가 나쓰

메 소세키(夏目漱石)나 쿠타가와 류노스케(芥川龍之介), 하기와라 사쿠타로(萩原朔太郎), 다치하라 미치조(立原道造)도 자신의 내적 세계에 대한 탐구를 시작으로 위대한 업적을 이루어냈다.

요즘 젊은이들은 개성 시대를 살아가는 사람인만큼 자신만의 개성을 발휘하며 살아간다. 또 개성을 발휘하며 자기답게 일할 수 있는 일에 몸담고 싶다는 말도 자주 한다.

만약 여러분도 자신만의 개성을 갖추어 살아가고 싶다면, 주변의 시선이나 인맥에 연연하지 말고 외부와 차단된 환경에서 자신의 내면 세계를 들여다보는 것부터 시작해보자. 그러지 않으면 자신만의 독자적 세계를 구축할 수 없다. 자신만의 독자적인 세계를 갖지 않은 사람이 '자기다움'이나 '개성'을 이야기한다면 다른 사람들에게 쉽게 공감을 불러일으키기 어려울 것이다.

이제라도 혼자 있는 시간의 가치를 깨우쳤다면, 지금 당장 스마트폰을 손에서 내려놓자. 외부의 정보를 차단하고 SNS를 통한 타인의 방해를 차단하고 어떻게든 온 힘을 다

만약 여러분도
자신만의 개성을 갖추어 살아가고 싶다면,
주변의 시선이나 인맥에 연연하지 말고
외부와 차단된 환경에서 자신의 내면 세계를
들여다보는 것부터 시작해보자. 그러지 않으면
자신만의 독자적 세계를 구축할 수 없다.

해 혼자 있는 시간을 지켜내보자. 혼자 있는 시간을 즐길수록 사고가 깊어질 것이다. 혼자일 때 비로소 창조적인 마음이 싹틀 것이다. 혼자일 때에는 영감도 번뜩이기 시작한다. 자신의 내적 세계를 조금씩 구축해나가보자.

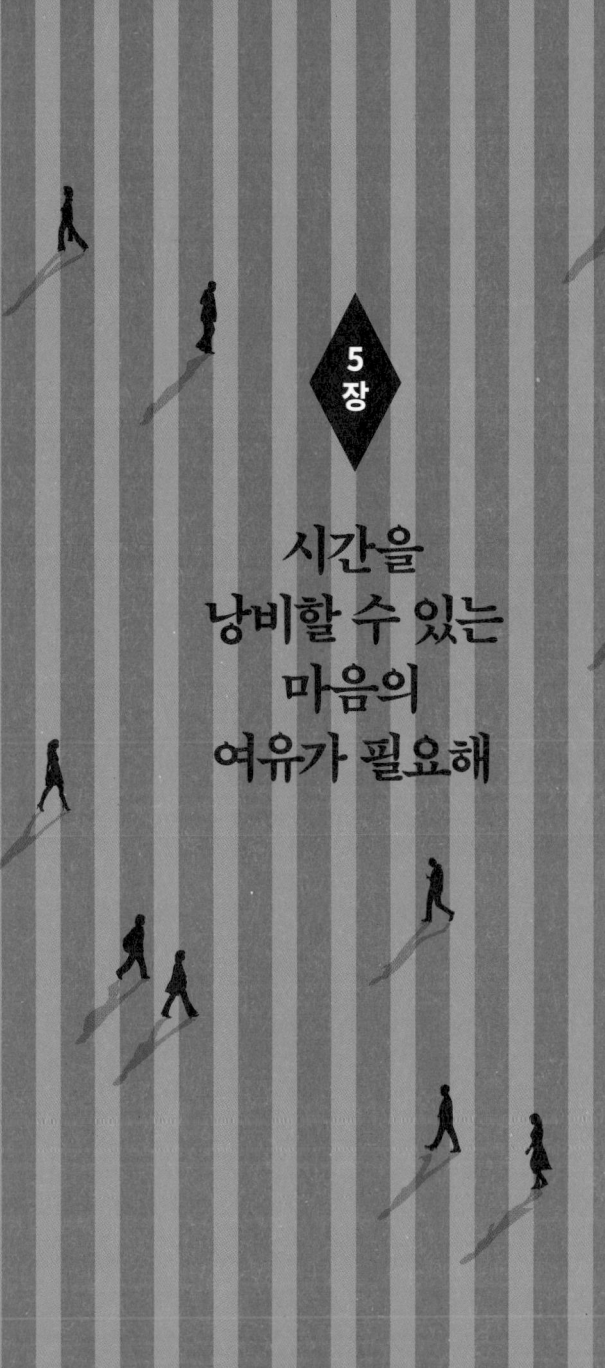

5장

시간을 낭비할 수 있는 마음의 여유가 필요해

세상의
속도에
반기를 들다

때로 외로움은 삶의 방패가 된다

우리가 잃어버린 비일상의 여유

유대 관계에 의존하느라 자신의 생각을 잃어버리는 사람이 많아진 만큼, 생각의 빠르기만을 강요하는 오늘날의 분위기도 우리가 생각하는 과정을 빈약하게 만든다는 사고를 키운다. 한 예로, 교통수단의 속도가 점점 빨라지는 것도 우리의 사고에 영향을 주고 있다.

일본의 '우메다-센다이' 구간을 열차로 이동하는 데 걸리는 시간을 시대별로 비교해보자. 1925년에는 8시간 정도였던 이동 시간이 1955년에는 6시간 정도, 1975년에는 4시간 정도로 단축되었다. 1925년에 비해 절반으로 단축된 것이다. 현재는 도호쿠 신칸센이 개통되어 2시간밖에 걸리지 않는다.

이동 시간이 단축되면서 우리 생활에서 비일상의 여유가 사라지기 시작했다. 예전에는 열차에 오르면 창 너머 시골의 풍경을 여유롭게 즐기고, 문득 떠오르는 옛 기억을 헤아리며 잠시나마 추억에 젖곤 했다. 그렇게 일상 속에서도 비일상의 여유를 즐길 수 있을 때 창조력이 샘솟는다. 하지만 지금은 열차에 타면 어느새 목적지에 도착하는 바람에 비일상의 여유를 누릴 시간이 없다.

교통수단의 발달은 문자 정보의 전달에도 영향을 미쳤다. 편지를 사람이 직접 전해주던 시절에는 문자 정보의 전달 속도가 인간의 보행 속도인 시속 4~5km 정도밖에 되지 않았다. 파발꾼처럼 시속 15km 정도로 열심히 달려 전달해도 도쿄에서 교토로 편지가 이동하는 데 나흘이 걸렸다.

이제는 고속우편이나 택배를 이용해 전국 어디로든 하루 만에 보낼 수 있다. 팩스로 문서를 즉시 받을 수 있게 된 것도 획기적인 일이었다. 지금은 전자메일이나 SNS를 이용해 문자 정보를 언제 어디서든 실시간으로 받아볼 수 있다. 모든 것이 고속화되는 덕분에 문자 정보를 보낼 때에도 신중하게 생각하고 글을 정리하는 시간이 점점 줄어들고 있다.

편지를 쓰던 시절에는 책상에 홀로 앉아 어떻게 글을 써야 상대에게 할 말을 더 정확하게 전달할 수 있을지를 골똘히 생각하면서 썼다. 하지만 SNS로 대화를 주고받는 요즘에는 누군가에게 답을 할 때를 제외하고는 대부분 즉각적으로 떠오른 것들을 써서 상대방에게 보낸다. 그렇기 때문에 깊은 생각보다 가벼운 잡담 정도의 대화로 이어지기 쉽다.

상식 밖의 세계에 주목하라

모든 것이 빨라진 사회에 몸을 맡기고 변화의 움직임을 따라가기에 급급한 나머지 효율적으로 처리하는 것만 생각하면 모든 일이 정형화된다. 불필요한 것은 배제하고 정형화된 방법으로 일을 하면 효율적으로 처리할 수 있기 때문이다. 우리 주변에서 쉽게 볼 수 있는 매뉴얼화가 전형적인 예다.

하지만 모든 것을 매뉴얼로 만들어 효율성만 따지면 창조성을 잃게 된다. 정형화된 방식으로 늘 반복되는 일만 하면 흥미도 떨어진다. 일하는 시간 자체가 괴로워진다. 충실한 비즈니스 라이프를 위해서는 어떤 일이든 자신만의 방식으로 받아들여야 한다. 자신만의 방식을 만들기 위해서는 창조성을 발휘해야 한다.

　현대사회에서는 잠시 동안 멈춰 서서 자신과 주변을 돌아보지 않고 오로지 앞만 보고 달려가는 사람들이 많다. 언제나 효율과 매뉴얼만 생각하며 살면 상식적인 발상에서 벗어날 수 없다. 또 일에서 즐거움을 찾지 못하므로 만족감이 떨어질 뿐만 아니라 일의 질도 떨어진다.
　반면 일을 잘하는 사람은 어떤 일을 하든, 자신만의 방식으로 처리하는 방법을 알고 있다. 자신에게 주어진 일을 하더라도 잠시 멈춰 서서 생각할 줄 안다. 아무리 단순한 일을 하더라도 창조력을 발휘할 여지를 찾아낸다.
　'어떻게 하면 더 즐겁게 일할 수 있을까', '어떻게 하면 더 보람을 느낄 수 있을까', '어떻게 하면 더 충실하게 보낼 수 있을까' 이렇게 생각하며 창조력을 발휘함으로써 주어진 일을 자기 일로 만들어낸다.
　마쓰시타 전기(현 파나소닉) 창업자 마쓰시타 고노스케는 "매 순간순간이 승부라는 생각으로 일에 임하는 자세가 없으면 전혀 창조력을 발휘할 수 없다"라고 했다.

일이라고 하는 것은 한순간의 승부다. 우리는 승부를 겨루는 것과 같은 기백을 가지고 하루하루의 일을 해 가야 한다. 하지만 대부분의 경우 사람들은 목숨이 걸린 승부처럼 일을 대하지 않는다. 왜냐하면 대개의 경우 일에서 사소한 태만이나 실수가 있다고 해서 목숨을 잃거나 하지 않기 때문이다. 또한 내가 조금 실수를 했다고 해도 변함없이 시간은 흐르고, 하루의 일과는 끝나게 마련이다.

하지만 이런 마음가짐으로 계속 일한다면 어떤 실수를 해도 '뭐 이쯤이야'라고 생각하고 넘겨버리기 쉽다. 그러고는 실수에 무뎌지고, 결국 긴장감을 완전히 잃어버리고 방심하게 된다. 이런 사람에게 오늘은 어제의 반복이 되고, 내일은 오늘의 반복일 뿐 특별한 의미를 가지기 힘들다. 이런 태도로는 당연히 쓸모 있는 지혜를 얻기 힘들다. 창의력도 없고, 사소한 아이디어도 도출되지 않는다. 긴장감이 없는 대신 기쁨도 얻을 수 없다.

―마쓰시타 고노스케, 《길을 열다》

바쁘다는 핑계로 효율화만 추구하고 일을 정형화하며 멈춰 서서 생각하는 습관을 갖지 않으면, 창조적인 비즈니스 라이프를 실천할 수 없다. 어떤 순간이든 창조력을 발휘하는 습관을 길러야 한다.

속도 경쟁이 창조력을 죽인다

교통수단의 고속화와 함께 현대의 고속화를 상징하는 것이 바로 IT 기술의 발달에 따른 통신수단의 고속화다. 이제 사람들은 스마트폰이나 컴퓨터로 인터넷을 사용해 검색할 때 조금만 기다려도 금세 초조해한다. 과거의 기술에 비해 비약적으로 빨라진 속도에 익숙해진 나머지 조바심을 내는 것이다.

통신의 속도가 점점 빨라지면서 이전 단계의 통신 수단들의 속도는 상대적으로 느려지기 마련이다. 하지만 이미 빨라진 속도에 적응한 사람들은 다시 과거의 속도를 경험하는 것을 어려워한다. 이것이야말로 심리적 고속화가 초래한 문제라고 할 수 있다. IT 기술이 발달하면서 사람들은 기다리는 법도 잊은 듯하다. IT 기기가 늦게 반응하는 것에만 초조함을 느끼는 게 아니라 사람들이 조금 늦게 반응하는 데에도 초조함을 느낀다.

이처럼 모든 것이 빠르게 돌아가는 고속화 시대에 접어들면서 'A 타입 행동 패턴'을 가진 사람들이 늘고 있다. 특히 유능한 비즈니스맨 중 다수가 소위 '빨리빨리병'이라 할 만한 행동 패턴을 자기도 모르게 익혀버린 것이다.

A 타입 행동 패턴이라는 개념은 미국의 심장 전문의 마이어 프리드만(Meyer Friedman)과 로이 로젠만(Roy H. Rosenman) 교수가 제시했다. 그들은 A 타입 행동 패턴이 지방의 과섭취, 과도한 흡연, 운동 부족보다 훨씬 더 심장병에 강력한 영향을 주는 요인이라고 주장한다. 반면, 'B타입 행동 패턴'은 시간에 대한 절박감을 느끼지 않는 유유자적한 행동 패턴을 의미한다.

A 타입 행동 패턴에서 가장 핵심이 되는 부분은 시간에 대한 절박감이다. 이런 패턴을 가진 사람들은 더 많은 일을

처리하고 더 많은 일에 참여하고 싶다는 생각에 비현실적으로 빡빡한 일정을 세운다.

또 하나의 일을 처리하는 시간을 최소한으로 잡는다. 특별히 급하게 마감을 해야 하는 상황이 아니어도 시간을 낭비하지 않으려고 스스로 엄격하게 마감 기한을 정하고 서둘러 끝내려 한다. 예정보다 일찍 일을 끝마쳐도 여유를 찾지 못한다. 새로운 계획을 앞당겨 세우고, 다시 급하게 일을 시작하느라 아무리 일찍 일을 끝마쳐도 시간에 대한 절박감에서 벗어나질 못한다.

A 타입 행동 패턴이 몸에 밴 사람은 일을 착착 진행해 끝마치기 때문에 상당히 우수한 인물처럼 보이기 쉽다. 하지만 일을 빨리 마무리하는 것에만 몰두한 나머지 느긋하게 일을 끝낼 여유를 잃어버리고 창조성도 고갈되기 쉽다. 물론 정형화된 패턴을 따라 기계적으로 일을 하게 되면 군더더기 없이 효율적으로 일을 빠르게 마칠 수 있다.

하지만 느긋하게 생각하는 과정이 생략되어 창조적인 사고를 기대하기는 어렵다. 상식에 사로잡히지 않고 창조적인

A 타입 행동 패턴이 몸에 밴 사람은
일을 착착 진행해 끝마치기 때문에
상당히 우수한 인물처럼 보이기 쉽다.
하지만 일을 빨리 마무리하는 것에만
몰두한 나머지 느긋하게 일을 끝낼 이유를
잃어버리고 창조성도 고갈되기 쉽다.

일을 하려면 여러 관점에서 생각해보는 시간이 필요하다. 또 일 자체와 직접 관련이 없는 것에 흥미를 갖는 것도 창조력을 키우는 데 도움이 된다. 길을 돌아서 갈 각오로 새로운 가능성을 추구하고 실패할 우려가 있어도 새로운 방법으로 도전해보는 여유 있는 마음도 필요하다.

하지만 A 타입 행동 패턴이 몸에 밴 사람은 효율화의 원칙에 얽매여 서둘러 일을 마무리하는 것을 목표로 하므로 여유 있는 마음을 잃기 쉽다. 일을 효율적으로 진행하는 데에만 급급한 사람은 창조성으로 이어지는 여유 있는 마음을 갖도록 더 의식해야 한다.

A 타입 행동 패턴 테스트

A 타입 행동 패턴에는 어떤 특징이 있을까. 자기 진단을 할 수 있도록 A 타입 행동 패턴이 몸에 밴 사람에게서 나타나는 특징을 정리해두었다. 자신이 어떤 행동을 하는지 꼭 확인해보기 바란다.

자신에게 해당하는 항목이 많을수록 A 타입 행동 패턴이 강하게 몸에 밴 것이다. A 타입 행동 패턴이 강한 사람은 건강도 염려해야 하지만, 창조성 부족도 주의해야 한다. 만약 절반 이상의 항목에 자신이 해당한다면 A 타입 행동 패턴의 경향이 상당히 강하다고 볼 수 있다.

1. 일에 집중하면 기분 전환이 잘 되지 않는다.
2. 지나치게 몰두하는 성격 때문에 무엇이든 철저하게 해야 직성이 풀린다.
3. 전혀 급하지 않은 일도 자발적으로 마감 일정을 당기고 철저하게 몰입한다.
4. 가급적 짧은 기간에 최대한 많은 일을 하려고 한다.
5. 무엇이든 빨리 마무리하려고 한다.
6. 늘 심리적으로 긴장한 상태다.
7. 아무 일도 하지 않는 시간이나 날들이 계속되면 죄책감을 느낀다.
8. 휴가 중에도 회사 일이 계속 떠올라 마음이 불편

하다.
9. 발언을 마칠 시간이 가까워지면 말이 빨라진다.
10. 발언 중에는 말이 끊어지면 안 된다는 생각에 끊임없이 말을 한다.
11. 다른 사람의 말을 오래 듣지 못한다.
12. 다른 사람이 이야기할 때 재촉하는 듯한 반응을 보인다.
13. 흥미 없는 화제를 상대방이 길게 이야기하면 초조해진다.
14. 요점 없는 말투, 같은 말을 반복하는 사람에게 짜증이 난다.
15. 회의를 비롯한 모든 일에 대한 진행 속도에 초조함을 느낀다.
16. 다른 사람이 느리게 일하는 모습을 보면 짜증이 난다.
17. 항상 급하게 움직인다.
18. 특별히 서두를 이유가 없어도 늘 서둘러 걷는다.
19. 에스컬레이터에서 가만히 있지 못하고 움직일 때

가 많다.
20. 지하철이나 버스가 제시간에 오지 않으면 초조해진다.
21. 교통 체증이 있으면 심하게 초조해진다.
22. 줄을 서서 기다리는 것이 힘들다.
23. 책을 읽을 때도 마음이 급해져서 두꺼운 책을 읽지 못한다.
24. 밥을 먹을 때 빨리 먹는다.
25. 밥 먹는 중에도 일 생각이나 메모를 자주 한다.
26. 화장실에 신문이나 잡지를 가져간다.
27. 회의 중에 다른 작업을 하거나 아침 식사 중에 신문을 읽는 등 동시에 여러 일을 할 때가 많다.

위의 보기 중 자신에게 해당하는 항목이 많은 사람은 상당히 일을 열심히 하는 사람이다. 하지만 건강 면에서도, 창조성 면에서도 위험 요인이 될 수 있으니 주의해야 한다.

A 타입 행동 패턴에서 벗어나기

A 타입 행동 패턴 체크 리스트에서 자신에게 해당되는 항목이 많다고 느낀 사람은 건강을 위해서, 그리고 창조적으로 일하기 위해서 평소 자신의 행동 패턴을 바꿀 필요가 있다. 다음은 A 타입 행동 패턴에서 벗어나기 위한 효과적인 대책이다. 이것을 참고로 자신에게 맞는 대책을 마련해 보기 바란다.

1. 일을 하다가도 가끔씩 일부러 멈추고 기분을 전환한다.
2. 바쁘게 일할 때 창 너머 풍경을 바라보거나, 가볍게 체조를 하는 식으로 짧은 휴식을 자주 취한다.
3. 일이 예정보다 일찍 끝나면 다음 일정을 진행하기보다 여가 시간으로 활용한다.
4. 일과 관계없는 일을 하기 위한 시간을 매일 조금씩 확보한다.
5. 취미를 가진다.

6. 일과 관계없는 독서를 즐긴다.
7. 미술관이나 박물관에서 예술을 즐기고 음악을 듣는 시간을 가진다.
8. 고전을 읽고 느긋한 시간의 흐름에 몸을 맡긴다.
9. 어렸을 때 좋아했던 것을 떠올려본다.
10. 사진을 정리하거나 여행 중에 모은 자료를 정리하며 현재의 시간을 잠시 멈추어본다.
11. 일이나 직장과 관계없는 인간관계를 가진다.
12. 소중한 인간관계를 챙기는 시간을 가진다.
13. 어린 시절이나 학창 시절 친구와 따뜻한 교류를 한다.
14. 특별히 흥미를 끄는 말이나 도움이 될 만한 말이 아니어도 쓸모없다고 잘라버리지 말고, 대화 자체를 즐기려는 마음을 가진다.
15. 눈앞의 일이나 풍경, 사람들에게 관심을 가진다.
16. 편안한 생활공간 만들기에 힘쓴다.
17. 인터에서도 능률만 추구하지 말고 즐기는 마음으로 내부를 꾸미는 여유를 가진다.

18. 식당에서 줄을 서거나, 지하철을 기다릴 때 무작정 기다리지 말고 주위 사람이나 풍경을 관찰하거나 공상에 잠기거나 책을 읽는 등 즐거운 시간으로 바꾸도록 노력한다.

남보다 느리게 가는 시간의 가치

5장 시간을 낭비할 수 있는 마음의 여유가 필요해

기다림이 마음을 풍요롭게 한다

일상생활 속에서 고속화가 진행되면서 현대인은 어떤 것이든 기다릴 필요가 없어졌다. 도시의 지하철은 2분마다 역에 도착해 승객들을 싣고 다음 역으로 달려간다. 눈앞에서 지하철을 놓쳐도 2분만 있으면 다음 지하철이 온다. 이런 일상이 너무나 당연해 지하철의 배차 간격이 느슨해지는 늦은 시간에 10분씩, 20분씩 기다리면 조바심이 나게 된다.

또 전화, 메일, 메신저로 사람들과 즉시 연락을 주고받을 수 있으니 무엇이든 생각만 하면 바로 목적을 이룰 수 있다고 느낀다. 대신 전화가 연결되지 않아 부재중 메시지를 남겼는데도 연락이 없거나, 자신의 메시지를 받고도 회신을 주지 않으면 초조해진다.

이쯤에서 우리는 기다림의 가치를 다시 생각해볼 필요가 있다. 어린 시절, 소풍 가기 전날이면 설레는 마음에 잠자리에 들어서도 좀처럼 잠을 이루지 못했던 기억이 있을 것이다. 가족과 함께 놀이공원에 가거나 친구끼리 놀러갈 때도 마찬가지다.

동물원에 가기 전날 밤이면 '내일 드디어 동물원에 가서 귀여운 펭귄도 보고 돌고래 쇼도 볼 수 있어!'라며 온갖 상상을 하게 된다. 또 놀이공원에 가기 전날 밤에는 '내일 가장 스릴 넘치는 롤러코스터를 타야지. 마지막은 역시 대관람차야!'라며 설레는 마음으로 놀이기구를 타는 모습을 떠올린다.

작가 마르셀 프루스트(Marcel Proust)는 《잃어버린 시간을 찾아서》에서 즐거운 일을 기다리며 설레어하는 모습과 겨우 3일을 기다리면서 엄청나게 길게 느껴지는 신기한 시간에 대한 감각을 다음과 같이 묘사했다.

스테르마리아 부인과 약속한 만찬을 앞둔 나날은 즐겁다기보다 견디기 힘들었다. 보통 목표에서 우리를 떼어놓는 시간이 짧으면 짧을수록, 도리어 때가 긴 것 같다. 우리가 더욱 짧은 단위를 때에 적용하기 때문이다. … 내 목표는 오지 3일의 거리에 있었다. 나는 초 단위로 세면서 이것저것 공상에 빠졌다. … 쾌락에 대한 기대를 견딜 수 없는 것으로 만드니, 의심의 결여가 이 기대에서 무수한 성취를 자아내고, 또 너무 이른 갖가지 표상을 만들어내, 안타까워하는 만큼이나 시간을 조각조각 잘게 나누기 때문이다.

—마르셀 프루스트,

《잃어버린 시간을 찾아서6 제3편 게르망트 쪽Ⅱ》

이처럼 기다림에는 우리의 기분을 북돋아 상상력을 발휘하게 하는 힘이 있다. 모든 것이 효율화·고속화되면서 날로 편리해지는 현대사회에서 우리는 무언가를 기다리는 기회를 점점 잃고 있다. 그로 인해 다양한 생각이 넘나드는 풍요로운 시간을 빼앗겨버렸다. 그것이 창조력의 빈곤으로 이어진면도 있지 않을까.

시끄러운 세상에서 빛나는 내향성의 가치

발 빠른 행동력에 가치를 두기 쉬운 고속화 시대에는 자칫

이처럼 기다림에는 우리의 기분을 북돋아
상상력을 발휘하게 하는 힘이 있다.
모든 것이 효율화·고속화되면서 날로
편리해지는 현대사회에서 우리는 무언가를
기다리는 기회를 점점 잃고 있다.

얕은 사고로 이어지기 쉽다. 반응과 행동은 빠르지만, 너무 가벼워 듬직함을 느낄 수 없는 젊은이가 많아진 것도 숙고보다 빠른 반응, 깊이보다 가벼움에 가치를 두는 현대의 분위기가 반영되었기 때문일 것이다. 이때 우리가 주목해야 할 것이 '내향성'의 가치다.

현대에는 반응이 빠르고 변화에 잘 적응하는 외향적 가치가 중시되지만, 사고의 깊이나 풍요로운 발상을 고려한다면 내향의 가치에 더 주목해야 한다. 정신분석의 칼 구스타프 융(Carl Gustav Jung)은 자신에게 관심 이 많은 유형과 주변 일에 관심이 많은 유형으로 인간을 분류하면서 내향성과 외향성으로 정의했다.

내향성이란, 자신에게 관심이 많아 내면과의 접점이 풍부하고 자신의 마음속에서 일어나는 주관적 일을 잘 파악하여 주관적 요인을 기준으로 행동하는 유형이다. 예를 들어 무엇을 하든 먼저 자신이 어떻게 느끼고 생각하느냐가 중요하며 타인의 의향이나 일반적인 세상의 흐름에 잘 휩쓸리지 않는다. 무엇보다 스스로 그 일을 이해할 수 있어야 움직인다. 따라서 타인이나 일반적인 세상의 풍조에 비판적이기 쉽고 현실 세계에 적응하는 것을 힘들어하는 경향이 있다.

한편 외향성이란 주변의 일과 인물에 관심이 많아 주변의 기대나 자신이 처한 상황과 세상의 동향을 잘 파악하여 그러한 외적 조건을 기준으로 행동하는 유형이다. '상대는 내가 어떻게 하기를 기대할까?', '나는 지금 어떤 상황에 있으며 어떻게 행동하는 것이 적절할까?'와 같이 생각하면서 자신을 둘러싼 외적 조건에 관심이 많다. 따라서 현실 세계에는 잘 적응하지만, 자신의 내적 세계가 닫혀 있어 자신의 욕구나 감정을 깨닫기 어렵고 너무 주위에만 맞추려 하기 쉽다.

끊임없이 고속화를 요구하는 현대사회에서는 늘 주변을 향해 관심을 가지고, 미처 따라가지 못할 만큼 빨리 변화하는 세상의 움직임을 예리하게 관찰해 대응할 수 있어야 한다. 따라서 외향성의 장점이 발휘될 수 있는 환경인 셈이다.

스스로 신중하게 질문을 던지는 내향성은 아무래도 사

회의 변화에 늘 한발 늦기 마련이다. 그래서 내향성의 인간은 외향성의 발 빠른 행동력을 부러워하면서도 버거워한다. 하지만 고속화와 효율성만 추구한 나머지 골똘히 생각하는 시간을 잊기 쉬운 오늘날에는 내향성에게서 배울 점이 많다.

내향성의 숙고하는 모습이나 진중하게 기다리는 가치에도 눈을 돌려 그러한 마음의 자세도 받아들인다면 발 빠른 행동력도 살릴 수 있지 않을까. 마찬가지로 외향성의 발 빠른 행동력도 단순한 경박함으로 치부해서는 안 된다.

시간의 흐름을 믿고 기다린다

어려운 문제에 부딪혀 어떻게 대응해야 할지 잘 모를 때, 순간적으로 당황해 얕은 지혜로 대응하려 하면 실패하기 쉽다. 그럴 때는 일단 판단을 보류하고 시간의 흐름을 믿으며 기다려본다. '시간이 해결해준다'거나 '기회가 무르익는다'는 표현도 있지만, 서두르지 않고 기다릴 때 더 나은 해결책이

나오는 경우도 많다. 대부분 시간이 흐르면서 문제의 구도는 바뀌기 마련이다. 상황이 달라지는 경우도 있고, 자신의 관점이 바뀌는 경우도 있다.

세상은 변하기 쉽다. 하루가 다르게 새로운 것들이 등장하는 현대사회는 느긋하게 시선을 둘 곳을 찾지 못할 만큼 변화의 속도가 빠르다. 따라서 발 빠른 대응도 필요하지만, 일일이 대응하기 힘들 때는 시간을 두고 느긋하게 기다려보는 것도 괜찮다. 상황이 달라지면 해결책이 보일 수도 있기 때문이다.

자신의 관점도 시간과 함께 변화한다. 새로운 경험을 할 때마다 어떤 깨달음을 얻어 관점에 변화가 생긴다. 그래서 이전에는 보이지 않던 것들이 눈에 들어온다. 얼마 전까지만 해도 전혀 해결할 수 없을 것 같았던 일들에서 실마리를 발견하게 된다.

만약 좀처럼 해결책이 보이지 않는 난제와 맞닥뜨리면, 당황해서 무리하게 행동하지 말고 시간의 흐름을 믿고 기다려보는 것도 좋다.

마쓰시타 고노스케도 기다리는 마음을 갖는 것의 중요성에 대해 다음과 같이 말했다.

> 일을 할 때도 마찬가지로 때라는 것이 있다. 때라는 것은 인간의 힘을 초월한 자연의 섭리이다. 예컨대 봄이 오지 않으면 꽃은 피지 않는다. 아무리 서두른다고 해도 한겨울에 봄꽃이 피지 않는 것처럼 적정한 때가 오지 않으면 일을 이루어 낼 수 없다.
>
> 대개 성공한 사람들은 반드시 때가 올 것이라는 믿음으로 조용히 기다린다. 절대로 초조하게 허둥대지 않는다. 봄꽃을 피우기 위해서 식물은 겨우내 힘을 비축한다. 마찬가지로 우리의 삶과 일도 때를 맞이하기 위해서는 힘을 기르고 비축해야 한다. 아무것도 하지 않은 채 손을 놓고 있어서는 안 된다. 저장된 힘이 없다면 때가 도래해도 일을 성취하기 힘들다.
>
> ―마쓰시타 고노스케, 《길을 열다》

이것은 창조적인 발상으로 뭔가를 만들어내야 할 때도

마찬가지다. 문제를 해결할 묘안이 즉시 떠오르지 않을 때는 일단 생각을 멈춘다. 멍하니 있어 본다. 하지만 걱정하지 않아도 된다. 그 일과 관계없는 활동을 하는 중에도 무의식 아래에서 사고는 뜨거워지고 있다.

느닷없이 영감이 떠오르는 것은 단순한 우연이 아니다. 어딘가에서 숨어 있다가 멋대로 솟아오르는 것도 아니다. 그것을 기다리는 간절한 마음이 있었기 때문이다. 항상 그 마음을 잊지 않으면서 눈앞의 문제와는 전혀 관계없는 책을 읽거나 관계없는 생각을 하다 보면 돌연 새로운 시야가 펼쳐진다. 답을 찾기 위해 서두르지 않고, 포기하거나 잊지도 않으면서 끊임없이 고민하고 기다리는 자세가 필요한 이유다.

시간을 아끼는 게 답일까

비즈니스 관련 서적이나 비즈니스 잡지에서는 시간 관리법을 자주 다룬다. 누구나 시간을 철저히 의식하지 않으면 무

의미하게 보내기 쉬우니 대체로 철저한 시간 관리를 통해 시간을 절약하라는 조언을 담고 있다.

비즈니스맨들의 일상을 보면 늘 빈틈없는 일정을 따라 움직이는 것 같다. 출근길 지하철 안에서는 업무와 관련된 책을 읽고, 출장 가는 열차 안에서는 경제 관련 잡지를 펼쳐 정보를 수집하고, 출장지에서는 또다시 업무 관련 서류를 정리하고, 출장 중에는 틈틈이 보고서를 작성한다. 또 퇴근길 지하철 안에서는 밀린 업무와 다음날 일정을 확인하고, 귀가 후에는 텔레비전을 켜고 뉴스나 사회 이슈를 다루는 시사 프로그램을 본다.

하나의 작업을 할 때에도 시간을 정해두지 않으면 시간을 낭비하기 쉬워 세세하게 구분한다. '이 작업은 30분에 마무리한다', '이 작업은 1시간 안에 마무리한다'라는 식으로 시간 절약을 의식하고 계획적으로 행동한다.

물론 이렇게 시간을 세밀하게 관리하면 시간을 낭비하지 않고 효율적으로 사용할 수 있다. 하지만 그런 생활이 풍요로운 시간을 보내는 것이라고 말할 수 있을까. 책 읽는 재미나 영화와 드라마를 보는 재미와 감동을 잊은 채, 일에

도움이 되는 정보 수집에만 열을 올리고 있지 않은가. 차창 밖 풍경이나 출장지의 문화를 맛보는 즐거움을 버리고 일에만 몰두하고 있지 않은가.

세밀하게 시간을 관리하는 것은 분명 시간을 헛되지 않게 효율적으로 보내는 방법이긴 하지만, 정신적인 풍요로움을 기대하기 어려운 방식이라고 할 수 있다. 기쁨도 감동도 없이 평탄한 시간을 보낼 뿐이다. 그런 무미건조한 시간을 보내는 사람에게서는 창조적인 발상을 기대할 수 없다.

창조력이 결핍되고 사려가 부족한 사람이 점점 늘고 있는 배경에는, 시간을 헛되이 보내는 것을 용납하지 않고 절약해야만 한다고 강요하는 시간 관리법이 깔려 있다.

시간이란, 절약해야 하는 것이기도 하지만, 충실하게 보내야 하는 것이기도 하다. 효율만을 강요하는 생각에서 벗어나 그 순간을 짜임새 있게 활용하고 자신의 사고에 몰입해 더 풍요로운 생활을 보내야 한다. 시간을 잊을 만큼 무언가에 몰입하게 되면 삶은 충실해지고 사고는 무르익는다. 자신의 사고에 충실할 수 있는 방식의 시간 관리는 사색을

시간이란, 절약해야 하는 것이기도 하지만,
충실하게 보내야 하는 것이기도 하다.
효율만을 강요하는 생각에서 벗어나
그 순간을 짜임새 있게 활용하고 자신의 사고에
몰입해 더 풍요로운 생활을 보내야 한다.

깊게 하여 창조적 발상의 원천이 된다.

> 흘러가고 있는 시간은 그 내용에 마음을 빼앗겨, 실제 시간 자체를 깨닫지 못해 짧게 느껴진다. 온종일 흥분하며 지낸 하루는 '자신도 모르는 새 훌쩍' 지나간다고 할 수 있다. 반면 변화가 일어나기를 바라는데도 일어나지 않아 하염없이 기다리기만 했던 하루는 작은 영원이다. … 어떤 시간 안의 내용이 비교적 공허해서 우리가 시간 자체의 경과에 주의를 기울이게 되었을 때 생기기 쉬운 현상이다.
>
> —윌리엄 제임스, 《심리학의 원리》

자신을 잊고 무엇인가에 몰입할 때에는 시간이 어떻게 지나가는지 신경 쓰지 않으므로 눈 깜짝할 새 시간이 흘러간다. 이러한 시간을 충실한 시간이라 부를 수 있다. 또 한없이 지루할 때에는 시간이 빨리 지나가지 않는다는 생각에 시간이 흐르는 데에만 집중하여 좀처럼 시간이 지나가지 않는다.

이러한 시간을 공허한 시간이라 부를 수 있다. 하지만 흥미롭게도 우리가 느끼는 시간의 속도는 시간이 경과할 때와 회상할 때에는 반대가 된다.

> 일반적으로, 다양하고 흥미로운 경험으로 채워진 시간은 그 시간이 지날 때는 짧게 느껴져도 나중에 돌아보면 길게 느껴질 수 있다. 그에 반해 별다른 경험 없이 보낸 공허한 시간은 그 시간이 지날 때는 길게 느껴져도 돌아보면 짧게 느껴질 수 있다. 일주일간의 여행이나 관광은 기억 속에서는 삼 주에 맞먹고, 아팠던 한 달은 거의 하루의 기억조차도 남지 않는다. 추상에 비치는 시간의 길이는 명백히 그 시간이 부여하는 기억의 다양함에 의존한다.
> ―윌리엄 제임스, 《심리학의 원리》

즉, 설레는 마음으로 채워진 시간은 당시에는 눈 깜짝할 새 지나가지만, 나중에 돌아보면 많은 일이 있었거나, 인상적인 일이 있었거나, 충실한 시간을 보냈기에 오히려 길게 느껴진다. 그에 반해 별다른 자극이 없던 공허한 시간은 당시에는 견디기 힘들 정도로 길게 느껴져도, 나중에 돌아보면 특별히 떠올릴 인상적인 내용이 없어 오히려 짧게 느껴진다.

그러므로 우리는 날마다 시간을 절약하기보다는 밀도 있는 시간을 보내도록 유의해야 한다. 시간이 지나는 것도 잊을 만큼 무언가에 몰입할 수 있어야 한다.

불확실성이 창조력을 키운다

무엇이든 즉시 결정하려는 사람은 모호한 것을 견디지 못한다. 대부분 창조적인 마음이 없는 사람들이 모호함을 견디지 못해 기존의 관점으로 정확하게 정리하려 든다.

창조적으로 살아가려면 모호한 상황을 받아들이는 힘이 있어야 한다. 자신의 관점을 강요하지 않고 끈기 있게 관찰하면 상대방은 어떤 식으로든 모습을 드러낸다. 그것이 곧 새로운 창조로 이어진다.

심리학에는 투영법이라는 테스트가 있다. 무엇인지 잘 알 수 없는 모호한 도형을 보여주고 무엇으로 보였는지 묻는 실험이다. 어떤 장면인지 알 수 없는 그림을 보여주고 어떤 장면인지 떠올리게 하기도 한다. 누구나 도형을 자신만의 관점으로 볼 수 있다. 자신 앞에 펼쳐진 장면 자체도 다양하게 바라볼 수 있다. 자신이 세상을 어떻게 볼 것인지는 자신만의 자유다. 세상을 보는 자신만의 방식이 곧 자신의 개성을 드러내는 일이다.

　자신만의 생각을 정리하기 위해서는 모호함을 견뎌낼 필요가 있다. 하지만 모호함을 견디지 못하는 사람들은 어떻게든 기존의 관점에만 끼워 맞춰 알아내려고 한다. 그래서는 새로운 발상을 얻을 수 없다. 무엇인지 모를 혼돈에 몸을 맡기고 떠도는 마음, 기존의 관점에 대입해 알아내려고 하지 않는 마음, 그런 마음을 유지하고 있으면 모호한 것에서 무엇인가가 보이기 시작한다. 그것이 새로운 발상으로 이어진다.

일상의 틈에서 깨어난 상상력

일상의 흐름을 잠시 멈추다

창조적인 마음을 가지려면 즐기는 마음을 잃지 않고, 나에게 직접 도움이 되지 않는 일에도 진심으로 흥미를 갖는 자세가 필요하다. 창조적인 일을 하려면 평소 폭넓은 분야에 흥미를 갖는 자세, 즉 다양한 분야에 흥미를 갖는 자세가 중요하다.

자신의 어린 시절을 떠올려보자. 누구나 늘 새로운 것에 흥미를 느끼던 때가 있었을 것이다. 천체 망원경으로 밤하늘을 바라보며 별자리를 발견해 환호하고, 천체 과학관을 드나들며 별이 태어나고 사라지는 것에도 흥미가 많던 아이, 강에서 물고기 잡는 것을 좋아해 강에 사는 물고기는 물론이고 곤충의 이름까지도 모두 다 외웠던 아이, 각양각색의 물고기에 반해 열대어를 키우며 산란과 부화를 즐기고 열대어의 종류와 생태까지도 줄줄이 꿰던 아이, 자연도감을 들고 동물원과 식물원을 찾아다니며 동식물에 관해 끊임없이 탐구하던 아이, 탈것을 너무 좋아해 지하철과 자동차 미니어처를 모으고 철도와 관련된 지식을 갖췄던 아이, 우표 수집에 빠져 전 세계 우표에 대한 지식에 해박했던 아이, 프라모델 조립을 좋아해서 무리 섬세한 작업도 전혀 힘들어하지 않고 즐기던 아이.

혹시 이런 아이들의 모습에서 자신의 어린 시절이 겹쳐져 보이지는 않은가. 이런 어린 시절을 보냈던 아이도 자라면서 언제부턴가 일과 관련된 분야에만 지적 호기심을 드러낸다.

자동차 판매 회사에 근무하던 한 남성은 천체 관측을 좋아하고 철도에도 관심이 많았던 자신의 어린 시절을 회상하며, 차에 관한 정보나 업계의 동향에만 촉을 세우고 그 외에는 전혀 관심이 없는 무미건조한 자신의 하루하루가 쓸쓸하다고 말했다.

업무에 따른 역할을 수행하기 위해 온 힘을 쏟는 것도 중요하지만, 일에서 잠시 떨어져 지내는 시간이나 휴일에는 직업과 관련된 흐름에서 벗어나 목적 없이 떠도는 시간을 가져보는 것이 좋다. 그런 폭넓은 생활이 창조의 원천이 된다.

또 일상의 걸음을 멈춰 보면 그동안 자신이 얼마나 상식적인 생각에 사로잡혀 있었는지 깨닫게 될 것이다. 다양한 분야에 흥미를 가지고 평소 친한 사람들과는 다른 사람들과 만나보는 것도 새로운 발상의 계기로 이어진다. 다른 직업을 가진 사람들을 만나거나 전혀 새로운 업무의 기량을 접하게 되면, 새로운 사고방식에서 뜻밖의 발견을 할 수도 있다.

뜻밖의 경험들과 마주하면 항상 당연하다고 생각했던 것이 당연하지 않았던 것이었음을 알게 된다. 평소 깨닫지 못했던 것도 깨닫게 된다. 자신의 처지나 역할이 다르면 관점 또한 확연히 달라질 수 있음을 통감하게 된다. 그런 깨달음은 일상의 일에서 창조력을 발휘해야 할 순간에 자극을 준다.

실제로 다른 직업을 가진 사람들과 접할 기회가 별로 없어도 책이나 잡지를 통해 그들의 세계를 접할 수 있다. 간접적으로 접하는 것도 도움이 된다. 자신의 좁은 시야를 넓히기 위해 일상에서 벗어날 계기를 만들어보자.

낭비를 즐기는 마음의 여유

무엇보다 낭비는 나쁘다는 생각부터 버려야 한다. 결과적으로는 낭비였더라도 적극적으로 즐기는 마음의 여유를 가질 필요가 있다. 목적지를 향해 한눈팔지 않고 서둘러 가려는 어른은 길에서 마주치는 소소한 것 하나하나에 흥미를 보이며 자꾸만 샛길로 빠지려는 아이를 보며 초조함을 느낄지도 모른다. 시간이 아깝다고 생각하기 때문이다. 하지만 정말 시간을 아까워해야 하는 쪽은 어느 쪽일까.

걸음마를 시작한 아이에게는 길을 걸으면서 눈에 들어오는 모든 것들이 신기하고 설렐 만큼 자극적이다. 꽃이 피어 있으면 다가가서 만져보고 싶고, 냄새도 맡아보고 싶어진다. 개미가 먹이를 옮기고 있으면 어디로 가는지 끝까지 따라가서 확인하고 싶고, 나비가 날고 있으면 쫓아가고 싶어진다. 베짱이가 뛰어오르는 게 보이면 또 쫓아가고 싶어진다.

아이들은 자신에게 주어진 시간을 자신이 원하는 것을 하며 보낸다. 하지만 어른은 오로지 목적지에 가야 한다는 생각에만 집중하며, 앞으로 나아가는 것에만 몰두한다.

시간을 낭비할 수 있는 마음의 여유를 가지면 오히려 더 충실한 시간을 보낼 수 있다. 외근이나 귀갓길에도 특별히 급한 일이 없으면, 가끔 서점에 들러 책 구경도 하고 마음에 드는 책을 한 권 사서 분위기 좋은 카페에 가서 읽는다. 마음에 와닿는 영화 카피를 발견했다면 영화관에 가서 영화도 한편 본다. 만약 길을 잘못 들어 낯선 곳에 들어섰더라도 급하게 돌아갈 생각을 접고, 시간이 허락하는 한 낯선 장소에서 재미를 찾는다.

호기심 어린 눈으로 거리를 걷고 끌리는 가게가 있으면 들어가본다. 공원이 눈에 띄면 벤치에 앉아 주위를 둘러보고 배가 고프면 맛집을 찾아본다. 책이나 잡지, 신문을 읽을 때에도 일에 도움이 되는 정보만 훑지 말고, 가끔은 처음부터 순서대로 모든 기사를 샅샅이 훑는다. 거래처 상대와 이야기할 때도 계약 여부와 상관없이 흥미로운 화제로 대화의 폭을 넓혀 다양한 이야기를 나누어본다.

이렇게 낭비를 허용하는 자세, 낭비를 적극적으로 즐기

시간을 낭비할 수 있는 마음의 여유를 가지면
오히려 더 충실한 시간을 보낼 수 있다.
외근이나 귀갓길에도 특별히 급한 일이 없으면,
가끔 서점에 들러 책 구경도 하고 마음에 드는 책을
한 권 사서 분위기 좋은 카페에 가서 읽는다.

는 자세를 갖게 되면 자칫 일에만 고정되기 쉬운 시야를 넓혀 풍부한 발상으로 이끌어줄 것이다.

불만은 창조의 시작이다

현재 처한 상황이나 일에 만족하지 못하고 불만이나 불평을 하는 사람이 있는가 하면, 특별한 불만 없이 잘 지내는 사람도 있다. 어떤 사람이 창조적인 길을 걸을 가능성이 클까? 당연히 불만이나 불평을 가진 사람이다.

정신분석의 프로이트(Sigmund Freud)는 "행복한 사람은 공상 따윈 하지 않는다. 공상에 빠지는 것은 마음이 채워지지 않기 때문이다"라고 말했다. 즉, 채워지지 않는 마음이 창조력의 원천이 된다는 것이다.

창조적인 생활의 조건도 마찬가지다. 현실에 불만이 있으면 어떻게든 현실을 바꿔보려고 새로운 궁리를 하게 된다. 쉽게 채워지지 않는 마음은 현실을 바꾸는 힘이 된다. 마음이 쉽게 채워지면 새롭게 무엇인가를 해보려는 에너지가 샘솟지 않는다. 따라서 현실에 불만을 품고 만족하지 못하는 사람은 창조적인 생활을 만드는 마음의 에너지를 충분히 축적 했다고 볼 수 있다.

그런 면에서 본다면 일하면서 힘들다고 투덜대는 사람도 그렇게 나쁘지 않은 라이프스타일을 가지고 있는 것인지도 모른다. 현실에 만족하지 못하는 환경에 처한 것이 오히려 행운일 수도 있다. 그 덕분에 창조적인 인생을 걸을 수 있기 때문이다.

큰 성과를 이룬 사람 중에 불운과 좌절이 끊임없이 이어진 인생을 걸어온 사람이 많은 것은 절대 우연이 아니다. 자신의 삶이 불우했기 때문에 늘 마음이 충족되지 않았고 그로 인해 창조적인 활동으로 내몰릴 수밖에 없었을 것이다.

세상의
방해를
받지 않는 세계

때로 외로움은 삶의 방패가 된다

현실을 초월하는 힘

현실에 얽매인 사람은 대체로 창조력이 부족하다. 새로운 발상이란 것은 원래 현실을 초월한 곳에서 깨어나기 마련이다. 인간은 누구나 눈앞의 현실을 파악하는 내면의 감각을 가지고 있다. 그중 시각, 청각, 후각, 미각, 촉각의 다섯 가지를 오감이라고 한다.

우리는 오감이 있기 때문에 눈앞에서 일어나는 일을 눈으로 볼 수 있고 귀로 소리를 들어 대화를 나눌 수 있다. 이러한 감각기관이 남보다 예민한 사람은 눈앞의 일이 계속 신경 쓰여 현실을 똑바로 보기 때문에 부주의한 실수가 적다.

하지만 그만큼 창조적인 발상을 하기는 어렵다. 새로운 발상은 오감을 초월한 감각에서 깨어난다. 바로 육감이라 부르는 감각이다. 육감이 작용하게 하려면 오감으로 파악되는 현실 세계에 얽매이지 않고 자유롭게 비상하는 마음이 필요하다.

새로운 무언가를 발견하고 발명에 익숙한 사람들이 현

실 세계에 적응하지 못하고 부주의하게 보이는 것은 보통 사람들의 감각보다 발달한 특별한 감각으로 세상을 바라보기 때문이다. 그런 의미에서 현실을 잊을 만큼 무엇인가에 몰입하는 자세야말로 창조적인 발상을 위한 필수 조건이라고 할 수 있다.

하지만 요즘 젊은 세대를 보고 있으면 어떤 일에도 관여하지 않으려는 분위기가 만연한 것 같다. 무언가에 빠져 뜻대로 되지 않으면 상처 입기 쉬우므로 아예 관심을 끊고 생각하지 않으려 벽을 친다.

그렇게 모든 감각을 닫고 세상을 바라보면 새로운 발상을 얻을 수 없다. 현실적으로 도움이 되는 공부만 하려는 경향은 현실에 필요한 지식이나 기술만 익힐 뿐, 현실을 극복할 수 있는 새로운 발상에는 이르지 못한다. 현실적인 감각을 버리고 과감하게 날갯짓을 해보면 어떨까.

추억에 잠기는 시간의 가치

만약 현실을 잊을 만큼 몰입할 만한 것이 없다면, 특별히 빠져 있는 취미도 없고 공부에 집중하는 것도 아니라면, 추억에 잠겨보자. 추억은 현실을 벗어날 수 있는 가장 좋은 수단이 된다.

그리운 추억이 하나둘 떠오르면 추억이 꼬리에 꼬리를 물어 잊었던 기억들도 차례차례 떠오를 것이다. 늘 떠오르던 것들이 아니라, 까마득히 잊었던 기억들이 문득문득 뇌리를 스칠 것이다. 그중에는 그리운 추억도 있고 힘들었던 기억, 속상했던 기억도 있다. 하지만 모두 지나간 지금 다시 돌이켜보면 하나같이 그리운 추억들이다.

자신과 관련된 기억을 '자전적 기억'이라고 한다. 자전적 기억을 떠올리는 것은 곧 자신과의 만남을 의미한다. 또 자전적 기억은 다양한 영감을 제공하고 발상을 촉진하는 촉매의 보고다.

지금까지 경험한 모든 일이 잔뜩 쌓여 있는 기억의 단편

들을 헤매다 보면 뜻하지 않은 발상으로 이어지기도 한다. 따라서 추억에 잠기는 시간은 현실에서 벗어나는 계기가 됨과 동시에 새로운 발상을 얻는 직접적인 계기가 되어줄 것이다.

사고가 무르익는 잠재의식의 공간

새로운 발상을 얻고자 할 때에는 과제에 대해 진지하게 생각하는 접근법이 필요하다. 하지만 간혹 의식적 사고를 멈추고 과제와 상관없는 생각을 하거나 엉뚱한 책을 읽으며 기분 전환을 하거나 무의식을 떠도는 시간도 필요하다.

새로운 발상을 떠올리기 위한 '번데기의 시간'이 필요한 것이다. 영국의 위대한 사상가 버트런드 러셀(Bertrand Russell)도 저술할 때에는 엄청난 진통을 맛본 끝에 어떤 영감을 얻는다고 했다. 그만큼 잠재의식은 중요하다.

어떤 문제에 대해 저술할 때에는 먼저 착상을 하고 그

문제에 관해 진지하게 주의를 기울인 다음, 잠재의식을 구상할 시간을 가져야 한다. 구상의 시간을 재촉해서는 안 된다. 신중한 사고에 방해가 되기 때문이다. 고도로 집중하고 있을 때 잠재의식 속에 어떤 문제를 심어 두면, 문제는 의식 아래에서 발아해 마침내 눈이 멀 만큼 당돌하고 명백한 해답을 갖고 등장한다. 마치 신의 계시처럼 등장한 해답을 써두기만 하면 된다.

—앤서니 스토(Anthony Starr), 《창조의 다이내믹스》

아무래도 의식은 현실의 모든 제약에 얽매이기 쉽다. 과감한 발상을 하려면 현실적 제약에서 일단 자유로워야 한다. 의식적으로 생각하는 것을 일단 멈춰보는 것이 중요하다. 의식적으로 생각하지 않아도 한번 진지하게 생각한 것은 잠재의식 속에서 계속 머물게 된다. 또한 의식적 활동이 아니므로 현실적 제약에 얽매이지 않고 자유로운 발상이 가능하다.

아무래도 의식은
현실의 모든 제약에 얽매이기 쉽다.
과감한 발상을 하려면 현실적 제약에서
일단 자유로워야 한다.
의식적으로 생각하는 것을
일단 멈춰보는 것이 중요하다.

발견과 발명의 힘을 깨우는 잠재 기억

잠재 기억은 의식적 사고를 멈추어 의식과 무의식의 경계가 느슨해졌을 때 깨어난다. 가끔 꿈이 발견과 발명의 실마리를 제공하기도 한다. 화학자 프리드리히 아우구스트 케쿨레(Friedrich August Kekulé)가 벤젠 고리를 떠올려낸 것도 꿈속에서 활성화한 잠재 기억이 힌트를 준 경우라고 할 수 있다. 벤젠 화합물은 여섯 개의 탄소 원자와 여섯 개의 수소 원자의 화합물이지만, 케쿨레는 스물네 개나 되는 탄소 결합선과 여섯 개밖에 안 되는 수소 결합선의 구성을 알 수 없었다.

어느 날 밤, 케쿨레는 난로 앞에서 연구에 몰두하던 중 깜빡 잠이 들었다. 그때 꿈속에서 원자의 긴 줄이 나타나 춤을 추며 돌아다니다가 서로 붙기도 하고 비틀리기도 하면서 뱀처럼 운동을 했다. 그때 뱀 한 마리가 자기 꼬리를 물고 원이 되어 빙빙 돌기 시작했다. 번쩍하고 섬광을 맞은 듯 눈을 뜬 케쿨레는 꿈속에서 본 힌트를 떠올리며 밤을 새워 골똘히 생각한 끝에 마침내 벤젠 원자가 원이 되어 닫

힌 벤젠 고리의 구조를 구상했다.

케쿨레는 강연에서 자신의 꿈에 관한 이야기를 소개하면서 꿈에서 배워야 한다고 강조했다. 물론 케쿨레가 꿈속에서 해결의 실마리를 얻을 수 있었던 것도 평소 깊은 사고를 토대로 문제에 대해 고민하고 있었기 때문이다. 그런 과정이 있었기에 잠재의식이 발현된 것이다. 만약 케쿨레의 강한 집념이 없었다면 잠재의식이 작용하지 않아 꿈에서 실마리를 잡지 못했을 것이다.

또 고생물학자 슈테른베르크는 박물관 직원으로부터 고생대에 살았던 식물의 잎을 찾아달라는 부탁을 받았다. 슈테른베르크는 '도대체 어디에 가야 그 식물을 찾을 수 있을까?' 하고 고민하다 깜빡 잠이 들었다. 그때 그는 자신이 살고 있던 마을에서 수 km 떨어진 산기슭에서 그 식물을 발견하는 꿈을 꿨다. 다음날 아침 꿈속에서 본 숲으로 한달음에 달려갔다. 정말로 그곳에 그가 찾는 식물이 있었다.

꿈에서 본 장소와 식물을 실제로 발견한 것에 한동안 놀라던 슈테른베르크는 얼마 전 그곳으로 산양 사냥을 나갔던 때를 떠올렸다. 당시에 야생 산양을 발견하고 조심조심 다가가면서 발밑에 있던 그 식물을 무의식중에 봤던 것이다. 그때에는 산양에만 신경을 쓰느라 식물에는 별 관심을 두지 않아서 식물을 잊고 있었다. 하지만 그의 잠재의식은 식물을 확실히 기억하고 있다가 꿈속에 모습을 드러냈다.

새로운 발상이 필요하거나 앞이 잘 보이지 않을 때에는 의식을 조금 느슨하게 가져도 괜찮다. 잠재 기억이 활성화되어 기억의 소재가 상식에 얽매이지 않는 형태로 조립되어 생각지 않은 발상으로 이어질 수도 있기 때문이다. 이때 혼자가 되는 것이 중요하다. 누군가와 함께 있으면 현실에 의식이 얽매여 잠재 기억이 활성화하지 않는다. 새로운 발상을 얻고 싶다면, 현실 세계의 유대 관계를 차단하고 혼자만의 세계에 빠져보자.

맺으며

외로움을 기꺼이 품을 준비가 된 이들에게

여기까지 읽고 내 생각에 동조한다면 이제 고독을 두려워하지 않고 혼자 있는 시간을 충실하게 즐길 수 있을 것이다. 물론 고독이 항상 멋있기만 한 것은 아니다. 통절한 외로움에 몸부림칠 때도 있을 것이다. 하지만 불필요한 유대 관계를 무리하게 맺으려는 지금의 사회 분위기는 명백히 지나친 면이 있다. 게다가 그런 분위기에 휩쓸려 우리는 스스로 의식하지 않아도 이미 과잉 유대 관계 시대의 한가운데에서 살아 가고 있다.

지금껏 강조했지만, 과잉 유대 관계에 매몰되어 버리면

사고는 점점 얕아지고 창조성도 상실하게 된다. 고독하지 않은 삶의 폐해를 인식하고 혼자 있는 시간의 소중함을 깨닫는다면, 과잉 유대 관계 시대에서 해방되어 더 자유롭고 창조적으로 풍요로운 생활을 누릴 수 있다. 사고를 더욱 깊게 하고 자신을 풍요롭게 만들어주는 고독이야말로 쓸데없는 커뮤니케이션과 과도한 정보에 노출되어 자신을 잃기 쉬운 현대인에게 가장 필요한 것이 아닐까.

독자 여러분이 이 책을 읽음으로써 풍요로운 고독, 창조적인 고독의 중요성을 다시금 깨닫고 '혼자 있는 시간'을 되찾을 수 있다면 글쓴이로서 더할 나위 없이 기쁠 것이다.

때로 외로움은
삶의 방패가 된다

초판 1쇄 인쇄 2025년 10월 22일
초판 1쇄 발행 2025년 10월 29일

지은이 에노모토 히로아키
책임편집 김다미
콘텐츠 그룹 배상현, 김아영, 박화인, 기소미
북디자인 R DESIGN 이보람

펴낸이 전승환
펴낸곳 책 읽어주는 남자
신고번호 제2024-000099호
이메일 bookpleaser@thebookman.co.kr

ISBN 979-11-24038-02-4 (03190)

- 북플레저는 '책 읽어주는 남자'의 출판 브랜드입니다.
- 이 책의 저작권은 저자에게 있습니다.
- 저작권법에 의해 보호를 받는 저작물이므로 서자와 출판시외 허락 없이 무단 전재와 복제를 금합니다.
- 이 책의 일부 또는 전부를 재사용하려면 반드시 저작권자와 출판사 양측의 동의를 받아야 합니다.
- 책값은 뒤표지에 있습니다.

때로 외로움은 삶의 방패가 된다